En mayo de 2012  nte casi dos décadas, na cruzada regional. ac- tante noticia de q nia tuvieron un trágico accidente aéreo. Recuerdo cuando cientos de personas se reunieron en el campo de fútbol esa noche, se tomaron de las manos, y clamaron a Dios por Ron y su familia.

Su libro, *Resistente*, describe su travesía en ese tiempo de prueba. Ron deja de lado todos los clichés superficiales que hemos escuchado toda nuestra vida acerca de la fe. Este poderoso libro es un llamado a reemplazar una teología de fe complaciente con el poder de la fe resistente. Le animo a leerlo y a dejar que se convierta en una verdad que le hará libre.

—Dr. David O. Dykes
Pastor de Green Acres Church, Tyler, Texas

He visto, en persona, el impacto que ha tenido Ron Luce al participar varias veces como invitado a hablar a más de setenta mil adolescentes en sus eventos para adolescentes. En este libro, *Resistente*, Ron inspira tanto a jóvenes como a mayores a establecer las bases de fe para recuperarse, no importa lo que la vida nos lance. ¡Debe leerlo!

—John C. Maxwell
Autor y conferencista
Fundador de John Maxwell Company and EQUIP Inc.

¡Por fin! La iglesia ha estado esperando un libro que llame a los seguidores de Jesús a una fe fuerte, sustancial. En una hora cuando contar el costo ya no está en boga, Luce desafía a los discípulos de Cristo a aprovechar el día, mantener el rumbo, correr la carrera y pagar el precio. Las historias y testimonios le inspirarán; la enseñanza ampliará su fe. Pero antes de poner a un lado *Resistente*, su espíritu clamará: "Aquí estoy; envíame".

—Jeff Farmer
Presidente de Pentecostal/Charismatic Churches
of North America

Resistente es mucho más que un libro o un testimonio convincente. Esta narrativa sirve como una prescripción centrada en Cristo y basada en la Biblia para cualquier persona que ha enfrentado alguna vez circunstancias tumultuosas. Este libro faculta a los lectores no sólo para sobrevivir, sino para ganar fuerzas en medio de las tormentas de la vida. No es sólo una lectura obligada, ¡debe ponerla en práctica!

—Rev. Samuel Rodríguez
Presidente de NHCLC
(Conferencia Nacional de Líderes Cristianos Hispanos)

Ron Luce ha dado un correctivo vital al pensamiento erróneo y a las presentaciones defectuosas que han plagado demasiado nuestro testimonio cristiano. La clara instrucción de Cristo a sus discípulos fue producir seguidores más ardientes —esos cuya lealtad a él fuese absoluta— entre todos los pueblos y naciones. Este libro de referencia sirve como una plomada que nos apunta de nuevo a la fe y al discipulado verdadero del Nuevo Testamento.

—David Shibley
Fundador y representante mundial de Global Advance

Los cristianos contemporáneos a menudo transforman la Biblia en un libro narcisista. Interpretan las promesas de Dios como garantías virtuales para nuestro bienestar, salud, finanzas y familias. Pero, ¿qué sucede cuando la vida nos lanza una curva seria, algo que no encaja en nuestra creencia cómoda, egoísta, acerca de las bendiciones constantes de Dios? Ron conoce de esa travesía —desde un cristiano autosatisfecho a otro que ha sido probado por la crisis— y está decidido a terminar bien. Ron cree que el ingrediente clave en esa transformación es la resiliencia. ¿Dónde se encuentra o se descubre esta? En este libro Ron le invita a unirse a él en busca de los secretos de la resiliencia.

—Randall A. Bach
Presidente de Open Bible Churches

La retórica cristiana está llena de clichés. Temas triviales que se vuelven conversaciones ingeniosas cuando los acontecimientos de la vida son muy incomprensibles o dolorosos para considerar. Ron Luce nos lleva en su propio peregrinaje, rasgando las cortinas de frases lindas, revelando la agonía del dolor personal y el triunfo de una fe resistente en Jesucristo. Ron continúa su lucha por las futuras generaciones, mostrando cómo va a ser una fe resistente la que capture sus corazones y les dé la fuerza para soportar las pruebas de la vida. Yo necesito una fe resistente; usted necesita una fe resistente. Lea *Resistente*, y entonces viva con una fe resistente.

—Charles G. Scott
Obispo general de la Pentecostal Church of God
Autor de *Storms Don't Bother Me*

¿Cuántas veces le he dicho a alguien que yo no sabía por lo que estaban pasando, aunque Jesús sí? Ron Luce habla con autoridad al haber sido evaluada y probada su resiliencia. Pero *Resistente* no es acerca del autor. ¡Es acerca de usted! Aquí hallará verdades profundas para terminar bien con Dios. Ron quita la apariencia de muchas convenciones cristianas modernas para revelar el verdadero cristianismo y el auténtico discipulado. Terminar bien tiene que ver más con comenzar bien en cuanto a las disciplinas correctas en nuestro caminar diario. Cuando lea *Resistente*, con sus brillantes y verídicos ejemplos, va a llorar un poco, pero luego se inspirará.

—CLYDE M. HUGHES
SUPERVISOR GENERAL DE LA INTERNATIONAL PENTECOSTAL
CHURCH OF CHRIST

En *Resistente*, Ron Luce toca una clarinada para el cristianismo auténtico que se aferra a una fe real en circunstancias irreales. Su apasionado desafío procede de una perspectiva trágica personal y de una fuerza facultada por el Espíritu para perseverar. ¡Una lectura obligada!

—GORDON MCDONALD
SUPERINTENDENTE GENERAL DE LA PENTECOSTAL HOLINESS
CHURCH OF CANADA

No es raro que enfrentemos circunstancias en la vida que nos hagan evaluar el entendimiento básico de nuestra relación con Dios. En el año 2012, como resultado de un trágico accidente aéreo, la familia Luce enfrentó una experiencia así. En *Resistente* Ron nos lleva de nuevo a la verdadera profundidad y belleza de una relación con Jesús, relación que exige un compromiso apasionado, una búsqueda disciplinada y una fe inquebrantable en aquel que nos permite perseverar. En estas páginas no encontrará tópicos o clichés complacientes. Más bien es un consejo firmemente enraizado en las verdades eternas de lo que en verdad se necesita para tener una fe de la vida real, duradera, en nuestro Padre celestial.

—REV. DR. DAVID R WELLS, MA, DD
SUPERINTENDENTE GENERAL DE PENTECOSTAL ASSEMBLIES OF CANADA

Más de tres millones de adolescentes han oído hablar del cristianismo radical que Ron Luce predica en sus campañas Acquire the Fire [Enciéndete] que lleva a cabo en todo el país. En *Resistente* es evidente que este mismo mensaje es para los adultos que deseen terminar su carrera a pesar de lo que venga.

—JIM GARLOW
PASTOR PRINCIPAL DE SKYLINE CHURCH, LA MESA, CALIFORNIA

En *Resistente*, Ron Luce nos anima a evaluar las preguntas difíciles de la vida y la fe. La vida en el Planeta Tierra no siempre es fácil. Puede ser confusa, caótica y contradictoria. Pero a pesar de todo, Jesús sigue siendo igual. Él es nuestra fuente de fortaleza. A medida que lea, se hallará animado, desafiado y equipado para ser fuerte en la gracia de Dios, pese a los giros inesperados que la vida ponga en su camino.

—Judah Smith
Pastor principal de The City Church, Seattle, Washington
En la lista de autores más vendidos del New York Times,
con su libro Jesus Is ____.

Ron Luce es una de las personas más inspiradoras que he conocido. Su pasión, energía, enfoque y empuje no son sólo asombrosos, sino también edificantes. Me siento honrado al recomendar *Resistente* como el testimonio personal de una vida de fe que no es una decisión precipitada, sino una determinación continua para "pagar el precio" de seguir a Cristo de principio a fin con nuestra mente, corazón, fuerza y voluntad.

—Marcos Witt
Fundador de CanZion Producciones y el Instituto CanZion
Ganador de premios Grammy, productor, cantautor y pastor

Resistente es exactamente lo que uno tiene que ser con el fin de sobrevivir a muchos desafíos de la vida. Ron Luce es la persona ideal para contar una historia tan inspiradora. Lea el libro, ¡podría cambiar literalmente su vida!

—Obispo T. D. Jakes
En la lista de autores más vendidos del New York Times

La fe que hizo grande a Estados Unidos soportó las circunstancias más impactantes. En el espíritu de nuestros antepasados Ron Luce, a través de su libro *Resistente*, nos inspira a abrazar la fe con gran pasión. Si quiere terminar fuerte y conocer en verdad su herencia espiritual en Cristo, le animo a dejar que esta obra transforme radicalmente su vida y hasta la forma de ver el cristianismo en estos tiempos en que vivimos en la iglesia del siglo veintiuno.

—David Barton
Presidente de Wall Builders

Su nuevo libro, *Resistente*, es congruente con la trayectoria de Ron Luce como "verdadero" y recto líder eclesial. Ron escribe de manera útil y pragmática, entregando una obra nacida del desastre y la angustia; punto en el que los demás a menudo pierden la esperanza, renuncian o se vuelven cínicos, dudando acerca del propósito y del plan de Dios para sus vidas.

Insto a su lectura. La merecida reputación de Ron como experto en "ministrar a la juventud" hace que su escritura incisiva y agradable—y su vida como hombre auténtico y piadoso—presente una profundidad que los lectores puedan comprender y una esperanza que todos necesitamos que sea nutrida a menudo.

—Jack W. Hayford
Fundador de The Kings University y The Church on the Way

Me dieron el gran privilegio de invitarme a la vida de la familia Luce y a ser una pequeña parte de su historia. Fui a servirles, a brindarles algo de esperanza en su dolor pero, en vez de eso, me sirvieron y trajeron esperanza a mi dolor.

—Erwin Raphael McManus
Fundador de MOSAIC

Muchos de nosotros podemos recordar una llamada telefónica o un mensaje que nos detuvo en seco. Fuese hace diez años o diez minutos, los problemas no son nada nuevo. Dios nunca dijo que la vida sería fácil. Pero, ¿cómo nos recuperamos en nuestra fe después de que algo horrible sucede? En su libro *Resistente* mi amigo Ron Luce relata sus experiencias mientras luchaba con preguntas sin respuesta y con la angustia después que su hija casi muere en un accidente aéreo. Con un rico conocimiento personal, directrices prácticas y sabiduría espiritual en sus páginas, el libro de Ron le animará a construir una vida de fe para sobrellevar la adversidad. Sin embargo, este libro no es sólo para los que pasan por momentos difíciles; es para cualquier persona que quiera fomentar una fe resistente y duradera.

—Robert Morris
Fundador y pastor principal de la Gateway Church
Autor de libros superventas como: *Una iglesia de bendición*
y *Una vida de bendición*

RESISTENTE

RON LUCE

RESISTENTE

La mayoría de los productos de Casa Creación están disponibles a un precio con descuento en cantidades de mayoreo para promociones de ventas, ofertas especiales, levantar fondos y atender necesidades educativas. Para más información, escriba a Casa Creación, 600 Rinehart Road, Lake Mary, Florida, 32746; o llame al teléfono (407) 333-7117 en Estados Unidos.

Resistente por Ron Luce
Publicado por Casa Creación
Una compañía de Charisma Media
600 Rinehart Road, Lake Mary, Florida 32746
www.casacreacion.com

No se autoriza la reproducción de este libro ni de partes del mismo en forma alguna, ni tampoco que sea archivado en un sistema o transmitido de manera alguna ni por ningún medio—electrónico, mecánico, fotocopia, grabación u otro—sin permiso previo escrito de la casa editora, con excepción de lo previsto por las leyes de derechos de autor en los Estados Unidos de América.

A menos que se indique lo contrario, el texto bíblico marcado con NVI ha sido tomado de la Santa Biblia, Nueva Versión Internacional® NVI® Copyright © 1999 by Bíblica, Inc.® Usado con permiso. Todos los derechos reservados mundialmente.

Las citas de la Escritura marcadas (RVR1960) corresponden a la versión Reina-Valera © 1960 Sociedades Bíblicas en América Latina; © renovado 1988 Sociedades Bíblicas Unidas. Utilizado con permiso.

Las citas de la Escritura marcadas (NTV) corresponden a la Santa Biblia, Nueva Traducción Viviente, © Tyndale House Foundation, 2010. Usado con permiso de Tyndale House Publishers, Inc., 351 Executive Dr., Carol Stream, IL 60188, Estados Unidos de América. Todos los derechos reservados.

Copyright © 2014 por Casa Creación
Todos los derechos reservados.

Traducido por: Nahum Sáez
Diseño de la portada: Vincent Pirozzi
Director de diseño: Justin Evans

Originally published in the U.S.A. under the title: *Resilient*
Published by Charisma House, A Charisma Media Company,
Lake Mary, FL 32746 USA
Copyright © 2014
All rights reserved

Visite la página web del autor: www.teenmania.com

Library of Congress Control Number: 2014949269
ISBN: 978-1-62998-304-2
E-book ISBN: 978-1-62998-305-9

Nota de la editorial: Aunque el autor hizo todo lo posible por proveer teléfonos y páginas de internet correctas al momento de la publicación de este libro, ni la editorial ni el autor se responsabilizan por errores o cambios que puedan surgir luego de haberse publicado.

Impreso en los Estados Unidos de América
14 15 16 17 18 * 7 6 5 4 3 2 1

CONTENIDO

Introducción 1

Parte 1: Examine la premisa de nuestra fe

Capítulo 1   La fe que hace sentir bien 8

Capítulo 2   ¿Dios le ama y tiene un plan maravilloso
para su vida? 13

Capítulo 3   La fe pasiva 18

Capítulo 4   La "teología de la complacencia" 33

Capítulo 5   Jesús, la medicina que mejora la vida 42

Parte 2: El fundamento de una fe resistente

Capítulo 6   ¿Qué significa seguir? 52

Capítulo 7   Capturado por Cristo 62

Capítulo 8   ¿Fe infantil o como *la de un niño*? 68

Capítulo 9   Los hijos disfuncionales de Dios 73

Capítulo 10 Plenamente vivos 80

Capítulo 11 La fe *sólo si* vs. La fe *incluso si* 90

Capítulo 12 Un nuevo tipo de relación 100

Capítulo 13 Qué hacer cuando usted no entiende 110

Parte 3: Entrenamiento para ser resistentes

Capítulo 14 Entrenamiento para tener fuerza *vs.*
Entrenamiento para tener resistencia 121

Capítulo 15 Formación del músculo espiritual 126

Capítulo 16 Acondicionamiento del corazón 135

Capítulo 17 Nutrición espiritual 140

Capítulo 18 Enfocarse en la línea de llegada 146

Capítulo 19 Raíces a prueba de putrefacción 151

Parte 4: La ferocidad del resistente

Capítulo 20 Historia de dos desertores 160

Capítulo 21 El rugido del león 172

Capítulo 22 Los resistentes son incansables 181

Conclusión: Esta es nuestra herencia: nuestra tribu 188

Guía de estudio para volverse *resistente*

Semana 1 194

Semana 2 197

Semana 3 200

Semana 4 203

Semana 5 207

Semana 6 211

Semana 7 214

Semana 8 217

Notas 220

Acerca del autor 223

INTRODUCCIÓN

A LAS 4:30 DE la tarde del 11 de mayo de 2012, el tiempo pareció detenerse. Sucedió cuando recibí una llamada telefónica de un número que no reconocí. Una mujer estaba llamando desde el centro de Kansas. Comenzó la conversación preguntando:
—¿Es usted Ron Luce?
—Sí, soy yo —le dije.
—Su hija Hannah está conmigo y está bien —me dijo.
Esa es la llamada telefónica que ningún padre quiere recibir. Continué con una pregunta:
—¿Qué quiere decir con que Hannah está con usted? Ella está en un avión. Va camino a uno de nuestros eventos.
—No, Hannah está conmigo. Está bien —repitió—. Ella se quemó, pero está bien.
Mi mente corría en un millón de direcciones a la vez. ¿Cómo podía saber dónde estaba mi hija? Después de todo, Hannah estaba en un avión pequeño con cuatro jóvenes que se dirigían a una de nuestra conferencias *Acquire the Fire* en Nebraska. Dos de los jóvenes eran miembros del personal y buenos amigos de ella.
Seguí sondeando por información.
—¿Qué quiere decir con que se quemó? ¿Puedo hablar con ella?
La mujer puso a Hannah al teléfono. Todo lo que mi hija pudo decir fue:
—Hola, papá. Estoy bien.
—¿Qué pasó con los chicos? —le pregunté—. ¿Están bien?
La mujer me describió la situación.
—Hay un joven...su nombre es Austin. Él se quemó bastante. Parece que logró llegar a la carretera con Hannah, pero no veo a nadie más.

Me pregunté: "¿Cómo puede ser esto posible? Se supone que Hannah debe estar en un avión".

La mujer continuó:

—Veo humo a la distancia, parece que el avión cayó.

—¿Dónde están los otros tres chicos? —le pregunté.

La persona que llamaba continuó con mucha calma.

—No le puedo decir nada acerca de ellos. Todo lo que puedo decirle es que Hannah y Austin están aquí.

Le pedí que me describiera la escena un poco más. Ella dijo:

—Parece que los bomberos y las ambulancias están llegando.

Mi mundo comenzó una girar sin control. Después de lo que parecía ser media hora en el teléfono, dejé ir a la mujer y me enfoqué en hacer otros contactos. Primero llamé a mi esposa Katie. Le dije lo que estaba pasando y que necesitábamos llegar al aeropuerto.

Aun conduciendo a toda prisa al Aeropuerto Internacional de Dallas Fort Worth son noventa minutos. En todo ese tiempo, uno de nosotros buscaba en línea para consultar cualquier actualización sobre el accidente aéreo. Pronto vimos noticias breves sobre muertes en un accidente de avioneta en Kansas. Cuando me enteré de dónde era, me negué a creer los informes. "La internet dice toda clase de cosas que no son ciertas. Sin duda, esta es una de esas historias", me dije.

Para saber con exactitud lo que estaba ocurriendo sobre el terreno, hice todo tipo de llamadas telefónicas. Al fin alcancé al oficial encargado de la investigación en el lugar de los hechos y le pregunté:

—¿Qué pasa con los otros tres chicos? ¿Dónde están?

Su respuesta sacudió mi mundo y mi teología, todo al mismo tiempo. Me dijo:

—Parece que los tres murieron en el acto, cuando el avión se estrelló.

Toda mi incredulidad hizo un frenazo. No podía discutir con el investigador. Me quedé sin habla bastante tiempo, con una sensación de náuseas en lo profundo de mis entrañas.

Supimos que Hannah estaba en camino a una unidad de quemados en Kansas City, por lo que abordamos el primer vuelo disponible.

Introducción

Mientras tanto buscamos noticias nuevas sobre el paradero de Austin y nos enteramos de que lo habían llevado a Wichita, Kansas. Estaba en estado crítico con noventa por ciento de su cuerpo quemado. Personas de todo el mundo oraban por él y por Hannah.

A la una de la mañana, llegamos a Kansas City. Hannah estaba en la Unidad de Cuidados Intensivos (UCI), con un respirador. No sólo había recibido un treinta por ciento de quemaduras de tercer grado en el cuerpo, sino que sus pulmones también se habían quemado. Los médicos no tenían certeza de que se salvara.

Es impresionante ver a nuestra hija mayor conectada a lo que parecen mil tubos, cables y monitores, tratando de mantenerla viva. A Katie y a mí nos emocionó que ella se salvó; pero nos atormentaba en extremo la situación. ¿Cómo era posible que tres personas (en última instancia, cuatro, porque Austin se fue al cielo el día siguiente) hubiesen terminado más allá de los límites de la fe en la que estábamos tan seguros? Después de todo, eran jóvenes y amaban a Dios. Estaban en plena forma y se habían graduado de la universidad. Querían hacer algo diferente con sus vidas. Querían cambiar al mundo.

Las siguientes cuarenta y ocho horas esperamos a que Hannah volviera en sí. Fue uno de los peores momentos de mi vida. Al fin, Hannah salió de su inconsciencia. No podía hablar, pero escribía notas aquí y allá.

Se mantenía preguntando: "¿Cómo está Austin?".

Hannah sabía que Austin estaba vivo cuando lo vio por última vez. Sabía desde el principio que los otros habían muerto, porque tuvo que arrastrarse sobre el cuerpo de al menos uno de ellos para ponerse a salvo. Así que seguía preguntando por Austin y nosotros seguimos distrayéndola con otras cosas. Por fin escribió enfáticamente, en grandes letras: "¿QUÉ PASA CON AUSTIN?".

Incapaz de pronunciar palabras, sentí mis ojos llenarse de lágrimas. Meneé la cabeza y tomé su mano. Con un tubo respiratorio metido en su garganta y un millón de cables aún unidos a su cuerpo, Hannah lloró profusamente. Me pareció demasiado para que lo enfrentara; quise evitar el tema el mayor tiempo posible. Sin embargo, Hannah no se calmaría si no le contábamos los hechos.

En la semana siguiente asistí a los funerales de cuatro hombres—Austin Anderson, Stephen Luth, Garrett Coble y Lucas Sheets—, cuatro días seguidos. Lo hice por la insistencia de Hannah y la invitación de los padres. Tratando de explicar lo inexplicable a los padres y los demás dolientes, me encontré usando palabras que parecían superficiales. Hice mi mejor esfuerzo para consolarlos con pensamientos que apenas yo mismo entendía.

Hice declaraciones como: "No entendemos por qué suceden estas cosas, pero vamos a enfocarnos en lo que sí sabemos: Que Jesús nos ama. Sabemos que estos hombres amaban a Cristo y están con él en este momento. Sabemos que un día él consolará cada corazón, secará cada lágrima y estaremos con él para siempre".

Aunque sabía que esos eran hechos, me parecían de poca ayuda a los que sufren un dolor tan intenso.

Cuestioné a Dios

En los siguientes días, semanas y meses estuve enojado con Dios, pero al mismo tiempo sentía gozo. ¿Alguna vez ha estado usted así, enojado y feliz al mismo tiempo? Me emocionaba mucho que mi hija estuviera viva. Me parecía un milagro que sobreviviera a la caída del avión. La cabina se llenó de humo. Lucas, el piloto, intentó heroicamente aterrizar a pesar de que no podía ver más allá del parabrisas. ¿Cómo había sobrevivido Hannah a las llamas invasoras?

Sólo sé que Hannah sobrevivió. Se las arregló para salir de la nave momentos antes de que explotara. ¿Podría haber sido un milagro? ¿Por qué los demás no se salvaron si Dios estaba haciendo milagros ese día?

Sin embargo, aunque me sentía feliz porque mi hija estaba viva, estaba enojado con las circunstancias. Ellas no se alineaban con mi teología. Oré. Tenía confianza en mis oraciones. Por más de veinte años he viajado por todo el mundo y tenido camiones, furgonetas

Introducción

y autobuses llenos con los trabajadores y los pasantes recorriendo el país. Y nunca sufrí algo como esto.

Así que le dije a Dios que no me gustó lo que pasó. Lo hubiera permitido él, lo causara o lo hiciera parte de su plan estratégico, a mí no me agradó. Con lo agradecido que estaba por la supervivencia de mi hija, sabía que los otros padres estaban lidiando con un dolor insoportable. Así que le dije: "Simplemente, no lo entiendo".

¿Qué hacemos como cristianos cuando las circunstancias se salen, de repente, fuera de control y no entendemos lo que está pasando? Cual seguidores de Cristo, ¿cómo reaccionamos cuando la confianza que tenemos en nuestra fe se estremece? ¿Qué sucede cuando nuestra teología y lo que creemos acerca de Dios es cuestionado en un momento? ¿Cómo podemos hacer frente a situaciones que son tan incómodas que apenas podemos darles sentido? ¿Cómo podemos prepararnos para esos momentos? ¿Cómo desarrollamos una columna vertebral de acero para conducirnos a través de ellos?

Con demasiada frecuencia, cuando suceden esas cosas, la gente se desliza fuera del camino de su fe y regresa a los caminos del mundo. Se enojan con Dios y renuncian a él. La ira se les convierte en resentimiento e incluso en absoluta rebelión. Lo que comenzó como incomprensión y profundo dolor termina por convertirse en la razón de que se conviertan al ateísmo cinco, diez o veinte años más tarde: circunstancias que no podían explicar.

UN RESULTADO MUCHO MEJOR

Hay otro resultado posible: la *resiliencia*. Es el término que utilizamos cuando las personas se recuperan de experiencias horribles. Resiliencia es la gracia para permanecer fuertes después de pasar por algo que casi nos destroza.

¿Cómo hallamos esa resiliencia? ¿Cómo prepararnos para ser resistentes antes que los contratiempos inesperados de la vida nos golpeen en el rostro?

De eso es que trata este libro. Juntos vamos a explorar los

fundamentos de la fe que nos llevan en una de dos direcciones principales: renunciar o ser resistentes.

Como ve, es imprescindible que construyamos las bases de nuestro sistema de creencias correcto *antes* que la vida nos golpee en la cara. Por tanto, cuando las cosas no salgan de acuerdo a nuestros planes o a nuestra teología, tendremos una sólida base de confianza en nuestro Padre celestial.

Al embarcarnos en esta travesía, a través de este libro, mi oración es que seamos fortalecidos y preparados para lo que el enemigo, las circunstancias del mundo o de la vida puedan traer a nuestro camino. Esta es mi otra oración: que las palabras de un versículo de la Escritura muy conocido sea para nosotros, no sólo una buena calcomanía para el auto, sino el himno elocuente de nuestras vidas: "Todo lo puedo en Cristo que me fortalece" (Filipenses 4:13, RVR1960).

En otras palabras, *soy resistente*.

PARTE 1:
EXAMINE LA PREMISA DE NUESTRA FE

Debemos entender la cultura que nos rodea y el mensaje exacto que escuchamos cuando llegamos a la fe en Cristo. Sin la fundación apropiada, no hay probabilidad de tener un edificio estable. Así mismo, muchas personas fallan en su fe, apenas se aguantan y al fin abandonan todo aquello por lo que dijeron que estaban dispuestos a morir. Eso sucede porque, para empezar, el fundamento que tenían no era estable.

En Texas, donde vivimos, gran parte del terreno se desplaza constantemente, lo cual crea grietas en las paredes y los cimientos de las casas así como en otros edificios. Muchas "compañías especializadas" ofrecen perforar estructuras muy profundas para instalar muelles de acero y hormigón en las fundaciones sobre las cuales van a descansar. A menos que se haga ese trabajo, no hay manera posible de tener una casa sin grietas.

La fe de muchos cristianos se parece al terreno deslizante que acabo de describir. No podemos ser resistentes sin establecer la base adecuada para nuestras creencias, tanto en lo personal como en lo cultural. Así que vamos a empezar por examinar el fundamento sobre el cual gran parte del cristianismo occidental se ha construido. Luego vamos a edificar muelles para nuestra fe, para que cuando el terreno se desplace ¡nuestra fe no se agriete!

Capítulo 1

LA FE QUE HACE SENTIR BIEN

PARA HABLAR EN cuanto a forjar la clase de resistencia que nos permita recuperarnos (por la gracia de Dios) pese a lo que nos golpee, necesitamos entender la realidad cultural que enfrentamos: vivimos en un mundo "cómodo", en el que nos sentimos bien.

Se podría decir que el sueño americano tiene su propia banda sonora hecha de canciones populares como James Brown "I Feel Good" [Me siento bien]. Para la mayor parte de nuestra cultura, nosotros no hacemos lo correcto; hacemos lo que nos da la gana. No hacemos lo más sabio; hacemos lo que nos da la gana. Ni siquiera hacemos lo que nos comprometimos a hacer; hacemos lo que nos da ganas de hacer.

Imagine que está en el centro comercial y ve un traje nuevo. Usted sabe que no está alcance, pero se lo prueba de todas formas. Se siente tan bien llevándolo puesto que pasa la tarjeta de crédito y da por seguro que hallará alguna manera de pagar por ello. Tal vez pase por el concesionario para probar ese coche que ha estado viendo. Se siente tan bien conducirlo por la carretera. Usted sabe que su presupuesto mensual no da para tanto, pero se siente tan bien que decide que hallará una manera de pagarlo.

Nuestra cultura es impulsada por los sentimientos. La gente siempre da su palabra cuando hace un contrato. En este, por lo general, la mayor parte del texto trata acerca de lo que pasaría si cualquiera de las partes incumple su palabra. Los contratos son escritos de esa manera porque la gente hace lo que le da la gana; no lo que se comprometió a hacer. Las parejas se comprometen delante de Dios, y de todos los demás, a permanecer juntos "hasta que la muerte nos separe". Se comprometen—uno al otro—con su vida, su amor y sus riquezas, "en tanto que ambos vivamos". Pero, unos años más

La fe que hace sentir bien

tarde, han perdido ese "sentimiento amoroso". No pueden explicar por qué, pero ahora tienen sentimientos por otra persona.

La lógica en nuestra cultura se ha enredado tanto que creemos que no somos fieles a nosotros mismos si nos quedamos con la persona con la que elegimos casarnos; si ya no sentimos escalofrío como cuando nos conocimos. Decimos: "Ya no siento nada por mi pareja. Viviría en la mentira. Necesito estar con esa persona que me atrae ahora".

No importa cuánta destrucción puedan causar nuestras decisiones. Tratamos de negar cuán profundamente se verán afectadas las vidas de nuestros hijos. Los líderes cristianos suprimen el dolor que sienten los que observan la destrucción del matrimonio.

De alguna manera nuestra cultura ha logrado convencernos de que nuestras emociones constituyen nuestro *verdadero yo*. Se nos dice que si no seguimos nuestros sentimientos, no somos auténticos. Si hacemos lo que es correcto en vez de lo que nos dé la gana, estamos siendo falsos. De modo que en un mundo en el que las emociones estaban destinadas a *mejorar nuestras vidas*, hemos permitido que ellas *dominen nuestras vidas*. Dios nos dio las emociones para que tuviéramos vidas más ricas y plenas. Pero hemos permitido que ellas nos hagan sus esclavos.

En una cultura dada a la autosatisfacción es natural que algunas personas se rindan a la fe que les haga *sentirse bien*. Le decimos al Señor: "Haré lo que sea por ti. Iré hasta los confines de la tierra por ti. Incluso moriré por ti". Pero no vamos a la iglesia cuando llueve puesto que nos puede arruinar el cabello. Hacemos promesas al Señor que no cumplimos en el momento en que nuestros sentimientos cambian.

Ceder a la tentación que sentimos y al pecado es más viejo que el cristianismo. Pero no me estoy refiriendo a eso. Estoy hablando en cuanto a entender la base fundamental de nuestro sistema de creencias. En una cultura que nos ha enseñado a hacer lo que sentimos porque "no puede ser malo si se siente tan bien", la mayor víctima es nuestro cristianismo. Por eso está regido por los sentimientos; es un cristianismo que hace sentirse bien, una fe en la que sólo seguimos al Señor, obedecemos sus mandamientos y leemos su Palabra cuando nos da la real gana.

No es de extrañar que los cristianos, en Estados Unidos, hallen tan complicado tener un carácter fuerte en tiempos difíciles. Si incumplimos cualquier compromiso cuando nos place, ¿por qué habríamos de considerar el que tenemos con Cristo de manera diferente? Nuestras normas culturales se han asentado en lo que ahora consideramos el "cristianismo normal". Nunca diríamos con franqueza que lo seguimos a él sólo cuando tenemos ganas de seguirlo; pero en gran parte, los cristianos en Estados Unidos hemos sucumbido a una fe que solo se activa cuando la "sentimos".

No se siente nada bien enterrar a cuatro jóvenes buenos que tenían la vida por delante. Yo sentía una angustia desgarradora y no entendía en absoluto las circunstancias mientras trataba de consolar a las familias. Cuando estuve en la televisión, en los programas matutinos *Today*—con Matt Lauer— y *Good Morning America*, para informar cómo seguía Hannah (ya que parecía que todo el mundo estaba interesado en la historia de su supervivencia), tuve que decidir confiar en Dios. Las circunstancias vulneraron mis sentimientos y todas mis emociones. Pero entender que *uno no es lo que siente* es el principio de la libertad, es liberarse de la esclavitud de los sentimientos. El hecho de que usted *sienta* algo no significa que tenga que involucrarse con esa emoción. Si usted sigue cada sentimiento, terminará precipitándose al fondo del pozo en el que cada montaña rusa emocional termina por detenerse, y usted acaba sumido en depresión.

> En un mundo en el que las emociones estaban destinadas a *mejorar nuestras vidas*, hemos permitido que ellas *dominen nuestras vidas*.

Cristo no murió para que pudiéramos tener una fe que nos hiciera sentir bien. Murió para que nuestra fe pudiera ser resistente.

Vuélvase resistente

- Las emociones tienen el propósito de mejorar nuestras vidas no de dominarlas.
- Las emociones no constituyen la realidad; son momentáneas y temporales.
- Si permitimos que nuestros sentimientos dominen nuestras vidas, terminaremos esclavizados por ellos.

No permita que la fe que le hace sentir bien le exponga a ser atacado sorpresivamente cuando lleguen los problemas inesperados. Decida que su fe no puede ser gobernada por sus sentimientos. Comprométase a seguir al Señor a pesar de lo que sienta. Ese es el primer paso para forjar la clase de fe que es resistente.

Señor, me niego a caer en la trampa de la fe que me hace sentir bien. No abandonaré mi compromiso contigo aunque las circunstancias sean incómodas. Me arrepiento por todas las veces que he permitido que mi fe sea gobernada por mis sentimientos. Te seguiré a pesar de cualquier cosa, en el nombre de Jesús. Amén.

Resistentes de la vida real: Tamirat

"Dios, ¿me has abandonado?" Tamirat compartía una celda de cuatro metros por cuatro con cuarenta reclusos más. La fetidez era terrible. Los cuerpos yacían por todas partes. Los presos tenían que recostarse por turno. Sin embargo, Tamirat nunca se sintió tan solo.[1]

Acusado falsamente por sus amigos de ofender a la religión musulmana, Tamirat fue arrestado y engañado para firmar una confesión. Condenado a tres años de prisión, soportó las palizas de los internos y la separación de su esposa e hijos. Aislado y aparentemente olvidado, Tamirat aguantó. Pasados dieciséis meses de su tiempo de prisión, los cargos en su contra fueron reducidos. Poco después de haber sido liberado, Tamirat dijo: "Que toda la gloria sea para él, que me sostuvo y me mantuvo a través de las horas oscuras. Él me ha hecho más fuerte y ha edificado mi fe".[2]

Capítulo 2

¿DIOS LE AMA Y TIENE UN PLAN MARAVILLOSO PARA SU VIDA?

A TRAVÉS DE LOS años, algunos predicadores han hecho que la gente piense que Dios está enojado con los cristianos y con toda la humanidad. Otros predicadores han tratado de contrarrestar la idea de que Dios está enojado configurando el mensaje de nuestro cristianismo y nuestra relación con Dios en términos más agradables, diciendo cosas como: "Dios le ama y tiene un plan maravilloso para su vida".

El doctor Bill Bright fue uno de los primeros campeones usando esa frase, estableciendo a las personas desde el primer momento e informándoles que Dios sólo quería lo bueno para ellos. Bright fue un mentor para mí y tuve el privilegio de acompañarlo en los últimos días de su vida. Él nunca habría previsto que las implicaciones de esa frase darían lugar a un compromiso absolutamente satisfactorio. De hecho, no creo haberle hablado alguna vez sin recordar que él "había sido esclavo de Cristo por muchos años".

Claro, ir al cielo *es* maravilloso. Evidentemente, que nuestros pecados sean perdonados también lo es. Y, por supuesto, vivir con el amor de Dios colmando nuestras almas es totalmente grandioso. Sin embargo, resumir la conversación diciendo con sencillez: "Dios le ama y tiene un plan maravilloso para su vida", tiene consecuencias que a largo plazo hace que muchos se cansen en la fe.

Si mi motivación principal para alcanzar a Dios es la promesa implícita de que todo va a ser maravilloso, entonces voy a esperar que todo sea maravilloso en el momento en que "pronuncie esa oración". Por supuesto, muchos pastores y predicadores añadirán la advertencia de que pronunciar la oración no significa que todos sus problemas desaparecerán. Sin embargo, hay cierta implicación de que a partir de ese momento las cosas deben ser maravillosas. "Después de todo", decimos, "le entregué mi corazón, por eso tiene un plan maravilloso para mi vida. Yo *quiero* ese plan".

Si tuviéramos que definir la palabra *maravilloso* en su sentido más literal, diríamos que significa "lleno de maravillas". Así que en su plan maravilloso, por ejemplo, vamos a estar deslumbrados con su presencia, sorprendidos por la manera en que quiere usarnos, admirados de cómo nos libra, y conmocionados al ver cómo provee continuamente para nosotros. En ese caso, *maravilloso* puede ser la palabra que se debe usar.

La connotación insinúa que todo va a ser agradable y divertido, que vamos a andar de puntillas en medio de tulipanes el resto de nuestras vidas. Sabemos que todavía vivimos en un mundo lleno de pecado, luchas y desafíos. Pero la buena noticia es que, puesto que hemos consagrado nuestras vidas al Señor, nunca tenemos que enfrentar esas cosas solos.

El problema es que si llegamos a la fe y seguimos a Cristo creyendo que todo va a ser maravilloso, tan pronto como suceda algo poco maravilloso, vamos a razonar en voz baja: "Eso no está en mi contrato. Eso no es para lo que yo firmé. Yo me inscribí en el plan maravilloso. Me apunté para andar de puntillas entre tulipanes, para tener amor y sentimientos empalagosos el resto de mi vida".

Si entendemos real y verdaderamente que Jesús nos pidió que tomáramos nuestra cruz y lo siguiéramos, y si nos enfrentamos a lo que dijo acerca de perseverar hasta el fin y ser salvos (Mateo 16:24; 24:13), no podemos evitar ver la implicación de que habrá algo que soportar. Los desafíos vendrán, como veremos en los próximos capítulos.

Considere a los primeros seguidores de Cristo. Casi todos sus discípulos fueron martirizados por su fe en alguna manera. Aunque también sufrieron en su vida. Observe a Pablo y a Silas, que fueron encarcelados y azotados una vez tras otra. Pablo describió los desafíos que enfrentaron así:

¿Dios le ama y tiene un plan maravilloso para su vida?

> Por nuestra parte, a nadie damos motivo alguno de tropiezo, para que no se desacredite nuestro servicio. Más bien, en todo y con mucha paciencia nos acreditamos como servidores de Dios: en sufrimientos, privaciones y angustias; en azotes, cárceles y tumultos; en trabajos pesados, desvelos y hambre. Servimos con pureza, conocimiento, constancia y bondad; en el Espíritu Santo y en amor sincero; con palabras de verdad y con el poder de Dios; con armas de justicia, tanto ofensivas como defensivas; por honra y por deshonra, por mala y por buena fama; veraces, pero tenidos por engañadores; conocidos, pero tenidos por desconocidos; como moribundos, pero aún con vida; golpeados, pero no muertos; aparentemente tristes, pero siempre alegres; pobres en apariencia, pero enriqueciendo a muchos; como si no tuviéramos nada, pero poseyéndolo todo.
> —2 Corintios 6:3-10

Pablo soportó todas esas dificultades por causa del evangelio. Sería difícil escuchar su testimonio y decir: "Él se inscribió en el maravilloso proyecto de vida".

Incluso en nuestros días, sería más apropiado decir que Dios nos ama y tiene un plan *aventurero* para nuestras vidas o un plan *peligroso* para nuestras vidas o un plan *fantástico* e *impredecible* para nuestra vida. Pero, ¿maravilloso? No lo creo.

Cuando me senté con Hannah en la UCI, a sabiendas de que los cuatro jóvenes habían muerto y sus familias estaban enfrentando un dolor inimaginable, no sentí nada maravilloso. Esos primeros días posteriores al accidente aéreo fueron una caótica niebla de tristeza y preocupación. La noticia de la tragedia estaba en todos los noticieros, estábamos recibiendo una avalancha de preguntas sobre la condición de Hannah y, por dicha, también las muy necesarias oraciones. Todo nuestro equipo de Teen Mania estaba de luto por la pérdida de cuatro vidas jóvenes. Nadie esperaba que el plan de Dios incluyera algo así. Fue un milagro que Hannah estuviera viva, pero todavía necesitaría injertos de piel para las quemaduras de tercer grado que sufrió en la parte posterior de sus manos y en la parte inferior de la pierna izquierda. Nuestros corazones estaban cargados. *Maravilloso* es la última palabra que yo usaría para describir cómo nos sentíamos.

Cuando los retos nos golpeen (y nos van a golpear), o cuando las cosas que son menos que maravillosas vengan a nuestro camino, ¿qué vamos a hacer? Si nuestra expectativa se basa completa y totalmente en la idea de que todo va a ser grandioso una vez que pronunciemos cierta oración, esa misma expectativa le dará forma a toda nuestra perspectiva de lo que significa ser seguidor de Cristo; por lo que vamos a estar dolorosamente decepcionados, como lo están muchos.

> Si nuestra expectativa se basa completa y totalmente en la idea de que todo va a ser grandioso una vez que pronunciemos cierta oración, esa misma expectativa le dará forma a toda nuestra perspectiva de lo que significa ser seguidor de Cristo; por lo que vamos a estar dolorosamente decepcionados.

Muchas personas que "pronunciaron esa oración" (hablaremos de lo que esa oración es en el capítulo siguiente), ya han descubierto que no todo lo relacionado con seguir a Cristo es color de rosa. Debido a lo que creían en un principio, ahora se sienten que fueron engañados por el predicador o por Dios. Así que terminan diciendo: "¿Cómo puedo seguir a un predicador o a un Dios que me miente? ¿Cómo puedo confiar en alguien que me promete una vida maravillosa, pero no me la da?"

Este es el punto: *la forma en que entendamos el evangelio cuando llegamos por primera vez a Cristo determina cómo vamos a vivir a partir de ese momento.* Lo que entendamos de aquello con lo que nos estamos comprometiendo y lo que estamos recibiendo cuando decidimos seguir a Cristo es de suma importancia.

¿Es posible que la actual avalancha de personas en Estados Unidos que se están alejando de la iglesia y de su fe sea el resultado de una fundación defectuosa? ¿Podría ser que nuestra interpretación del evangelio esté tan influida por la cultura de la "comodidad" que nuestro abrazar la fe en Cristo viniera con todo tipo de formas "razonables" para salirnos si las cosas ya no se sienten bien?

¿Dios le ama y tiene un plan maravilloso para su vida?

Si vamos a ser seguidores resistentes de Cristo, para toda la vida, algo tiene que cambiar. Muchos cristianos y predicadores han estado prometiendo mucho y entregando poco. Prometemos a la gente que todo va a ser maravilloso pero, o bien fallamos en definir lo que eso significa o esperamos que la gente lo defina. Como resultado terminamos con una carnicería espiritual; pseudo seguidores de Cristo que se decepcionan de su fe. Se convierten en publicidad negativa para el cristianismo, son los que dicen: "Sí, yo probé esa cosa llamada cristianismo, y no funcionó".

Como ejemplos vivientes de un experimento aparentemente fallido llamado cristianismo, los decepcionados se convierten en nuestros peores enemigos.

Vuélvase resistente

- Sí, Dios le ama y tiene un plan maravilloso para su vida, pero eso no significa que esta será fácil.
- Jesús nos llama a tomar nuestra cruz y a seguirlo. Eso implica que *vendrán* desafíos.
- Cuando las prueban nos golpean, no estamos solos. Dios está con nosotros. Pero la vida cristiana no se trata de evitar el dolor; se trata de seguir a Cristo a cualquier costo.

Señor, guarda mi corazón de la decepción cuando los retos se me crucen en el camino. Perdóname por esos momentos en los que pensaba que se suponía que mi vida en Cristo sería fácil. Decido seguirte, no para que mi vida sea maravillosa, sino porque eres el único que merece mi devoción. Puesto que moriste yo tengo vida, y doy mi vida de nuevo a ti. Cualquier cosa que venga a mi camino, buena o mala, confío en ti. No voy a retroceder, estaré firme en la fe, en el nombre de Jesús. Amén.

Capítulo 3

LA FE PASIVA

No puedo decirle lo frustrado que estuve hasta que al fin le entregué mi vida a Cristo a los dieciséis años. Fui criado en la iglesia; varias de ellas muertas, secas, aburridas y patéticas. A pesar de que a veces sentía a Dios hablarme y cortejarme, ni una sola vez mi fe cobró vida en esos primeros dieciséis años.

A los doce años pasé al altar, porque sentí que el Señor quería que lo hiciera. Nadie más pasó adelante ese día, sólo yo. No sabía lo que significaba pasar adelante ni lo que debía hacer al estar allí. Mientras el coro cantaba el himno de clausura, el pastor se inclinó hacia mí, esperando que yo dijera algo. Pero yo no tenía idea de qué decir.

Al fin le dije:

—Sentí como que el Señor quería que yo viniera aquí. Él ha estado hablándome durante dos semanas.

—¡Alabado sea el Señor, hermano! —respondió el pastor—. ¿Por qué no te vas hablar con esta señora aquí?

Cuando me senté en la primera fila, la señora comenzó a llenar una tarjeta. "¿Cuál es tu nombre?", preguntó. "¿Cuál es tu dirección? ¿Te gustaría ser bautizado?"

De repente pensé: "De modo que, ¡*así es* como la gente se bautiza! Vienen y llenan una tarjeta".

Cuando terminó el servicio, el pastor me trajo delante de la iglesia y leyó la tarjeta en voz alta. Les dijo a todos mi nombre y les pidió, a los que estuvieran a favor de recibirme como miembro de la iglesia, que dijeran "Sí".

Al parecer, suficiente gente contestó afirmativamente.

Entonces el pastor dijo: "Vengan y salúdenlo".

Las personas se alinearon en la parte delantera de la iglesia para saludarme. Muchos estaban llorando y la mayoría de ellos me abrazó. Recuerdo que pensé: "¿Por qué están llorando? ¿Qué pasó? ¿Por qué están tristes?". Sinceramente, no sabía *lo que* había sucedido.

Por último, en algún momento después de la iglesia ese día, mi mamá dijo: "Así que te convertiste en cristiano hoy".

Yo pensé: "¿En serio? ¿Fue eso lo que hice?"

Nadie me dijo nada cuando pasé al frente. Si alguien me hubiera aclarado lo que estaba haciendo en la parte delantera de la iglesia—si alguien me hubiese explicado que mi decisión era una desviación en el camino de mi vida—me habría ahorrado mucho dolor y confusión a través de mi años de adolescencia. Pero nadie me dijo nada.

Donde empieza la pasividad

Venir a Cristo es un asunto tan importante como lo es que nos acerquemos a él. En este capítulo vamos a ver varias maneras comunes en las que se presenta el evangelio para que podamos identificar algunas falacias significativas que afectan al Cuerpo de Cristo.

Muchas presentaciones del evangelio en el mundo occidental en los últimos cincuenta años han producido una aceptación mental pasiva de la fe. Los enfoques que describiré en este capítulo se parecen al cristianismo *normal*, puesto que los hemos oído predicar muchas veces. Pero como veremos, no le dan a la gente una base sólida para su fe. La mensajería que nos atrae a Cristo es de vital importancia dado que *el contexto y el entendimiento que tenemos cuando llegamos por primera vez a la fe dan forma a la manera en que vivimos nuestra fe, a la vez que determina cómo afecta esta nuestras vidas.*

Si tenemos que rogarle a la gente que venga a Cristo, entonces tendremos que rogarles que lean sus Biblias, que asistan a la iglesia, que vivan una vida santa y que sigan amando a Dios. Algo falta en nuestra presentación del evangelio si tenemos que apoyar a la gente y rogarles que se mantengan participando. Consideremos la mensajería común de la salvación y las implicaciones de cada una. La verdad es que la mayoría de esos mensajes han sido pasivos, dando lugar a cristianos que son pasivos en su fe. El peligro es evidente: el cristianismo pasivo no puede producir cristianos resistentes.

Echemos un vistazo a algunos de los enfoques conocidos para la presentación del evangelio de modo que podamos ver en qué estamos fallando.

"¿ACEPTA USTED A CRISTO?"

La primera vez que le traje este tema al Dr. Jack Hayford, pareció sorprendido. Hayford, que ha pasado décadas escuchando y predicando el evangelio, se convirtió tanto en mentor como en miembro de la junta directiva de Teen Mania. En el almuerzo le pregunté: "Entonces, ¿qué es eso de aceptar a Cristo? ¿Por qué se predica tanto de eso? Yo no veo la idea de aceptar a Cristo en la Biblia".

El Dr. Hayford se dio la vuelta y me miró como con una visión de láser. Me dijo: "Ese es un muy buen punto. Vamos a hablar de ello".

> El contexto y el entendimiento que tenemos cuando llegamos por primera vez a la fe dan forma a la manera en que vivimos nuestra fe, a la vez que determina cómo afecta esta nuestras vidas.

Comentamos acerca de muchos predicadores famosos que preguntan: "¿Te gustaría aceptar a Cristo?". Sin embargo, Jesús nunca le pidió a nadie que lo aceptara. Ninguno de los apóstoles tampoco pidió a nadie que lo aceptara. Es más, las palabras son una mezcla extraña. Aceptar algo es un acto pasivo. Usted no lo está buscando; solamente le está permitiendo que entre a su vida.

Piense en lo siguiente, nosotros nunca preguntaríamos: "¿Aceptarás a José como amigo?". Pero por alguna razón, pensamos que es correcto pedirle a la gente que acepte a Cristo como su Señor y Salvador. La aceptación es un concepto familiar en nuestra cultura. Todos los días escuchamos frases como: "Aceptamos Visa" o "Aceptamos Master Card". Así que nos parece bien aceptar a Cristo.

La implicación es que puesto que usted lo está aceptando, le está ofreciendo un buen negocio. "Sí", decimos, "te acepto, Señor". Es

La fe pasiva

casi como si Jesús estuviera viviendo bajo un puente, en el frío y necesitara un lugar para guarecerse. Él no sabe a dónde ir, por lo que le pedimos a las personas: "¿Lo aceptas? ¿Le das un lugar para quedarse?". Actuamos como si él necesitara un amigo y le estuviéramos dando una oportunidad. En realidad, cuando Jesús viene a nuestras vidas, *él es el que nos da una oportunidad* perdonándonos y dando vida a nuestros corazones muertos. ¡Él es el que nos acepta!

Lo que se quiere decir con el término "aceptar a Cristo" está claro si usted es teólogo. Significa que si acepta su sacrificio en la cruz como propiciación por sus pecados, usted está aceptando la realidad de que él pagó el precio para que usted no tuviera que hacerlo. Acepta por la fe el hecho de que él murió en lugar de usted. Todo eso está muy bien; pero la frase "aceptar a Cristo" no comunica esto muy bien, sobre todo para alguien que nunca ha ido a la iglesia. La mayoría de la gente que no sabe nada de Dios no entendería los fundamentos teológicos en cuanto a aceptar a Cristo.

El asunto me recuerda la expresión muy utilizada para saludar: Hola. Hasta hace poco no tenía ni idea de que la pregunta: "¿Cómo está usted?" fue reducida a "Hola". Eso es lo que hemos hecho con la idea de aceptar a Cristo. Es una especie de taquigrafía para un concepto más amplio.

Cuando invitamos a las personas a aceptarlo, responden elevando sus manos, pasando adelante y pronunciando una oración. Pero, ¿a qué se comprometen realmente? No tienen idea de dónde comenzó la terminología o lo que el presentador en realidad quiere decir cuando les pide que "acepten a Cristo". Sólo saben que se sienten conmovidos y quieren acercarse a Dios. Ellos dan el paso, pero no logran envolver sus mentes alrededor de la idea. Sí, Jesús ha venido a vivir dentro de ellos. En el mejor de los casos ha transformado sus vidas. Sin embargo, ellos tienen un enfoque pasivo en sus relaciones con él, porque ellos simplemente lo aceptaron, sea lo que sea que eso signifique.

"¿LE GUSTARÍA TENER UNA *RELACIÓN PERSONAL* CON CRISTO?"

Si ha estado en la iglesia por cualquier cantidad de tiempo, usted ha escuchado esta pregunta a menudo: "¿Le gustaría tener un relación personal con Cristo?". Puede ser que hasta usted mismo se lo haya preguntado a alguien.

El problema es la terminología. Es una forma extraña de describir una relación con alguien. Ahora sabemos que cuando Jesús viene a vivir dentro de nosotros, es algo muy personal. Es la relación más personal de todas. Él ya conoce todos nuestros pensamientos e intenciones y todo lo que hay en nuestros corazones. Sin embargo, si usted o yo fuésemos a presentarle un buen amigo a alguien, ¿le diríamos: "Hola. Este es Juan. Un amigo con quien tengo una relación personal"?

¿Por qué necesitamos decir eso? Si Juan es mi amigo, la relación está implícita. Debería ser obvio que la relación es personal.

En nuestro cristianismo moderno nosotros preguntamos: "¿Quiere tener un relación personal con Cristo?". Y alguien responde: "Sí". La persona pasa adelante, pronuncia una oración y clama una relación personal con Cristo. Pero ¿es eso realmente personal? ¿Es una relación muy profunda?

No necesariamente. Cuando usted tiene una estrecha y profunda personal relación con alguien, no tiene que decirlo. Es obvio para todos. Yo no tengo que decirle a la gente que tengo una relación personal profunda con mi esposa, Katie. Ni siquiera uso esas palabras. El hecho de que tenemos una relación personal es evidente por la forma en que nos conducimos. La gente ve nuestro matrimonio y se da cuenta de que nuestra relación es profunda.

Para demasiadas personas Dios parece lejano y distante. Afirmar que él es omnipotente y todopoderoso no describe completamente su naturaleza. Es importante que nos demos cuenta de que él es una persona que quiere compartir una profunda cercanía con nosotros como seres humanos. Simplemente piense: ¿por qué, en la familia humana,

La fe pasiva

apreciamos a nuestros seres queridos, gemimos cuando los perdemos y lloramos cuando nos reunimos después de mucho tiempo de estar separados? ¿Cómo podría un ser distante crear una especie que está tan involucrada en las relaciones personales a tantos niveles? Un Dios personal hizo los seres humanos a su imagen para apreciar las relaciones personales amorosas. Él nos hizo para caminar consigo al aire del día, como lo hizo Adán (ver Génesis 3:8).

Fuimos hechos para tener la más personal de todas las relaciones: una relación con nuestro Creador. Lo que temo es la posibilidad de que hayamos sustituido una relación profunda y auténtica con Cristo por la frase "relación personal". Hablar de tener una relación personal no es necesariamente lo mismo que tener una. La relación debe gritar que es personal sin que tengamos que decir una palabra.

Es casi como si invitáramos a la gente a esa relación personal con Cristo porque las palabras *suenan* espirituales y hacen evocar buenos sentimientos. Como las palabras *suenan* espirituales, no queremos preguntar qué quieren decir. No queremos lucir poco espirituales o desinformados. Al contrario, seguimos la corriente como si entendiéramos nuestra "cristiandad". Sonreímos educadamente, sin embargo, muy pocos vivimos realmente la expresión auténtica de la frase *relación personal*.

"¿QUIERE USTED ESE AMOR, ESA ALEGRÍA, ESA PAZ...?"

Muy a menudo escuchamos lo bueno de venir a Cristo. Se nos dice: "Si usted no está lleno de amor, si no está lleno de alegría o de paz, si está vacío en su interior, venga. ¡Él le llenará!".

Todo eso es cierto. Él nos *llena*. Sin embargo, me temo que la elección de las palabras pueda echar fácilmente otra fundación defectuosa sobre la cual también muchas personas establecen su cristianismo. Por supuesto, con Cristo en el centro de nuestras vidas, estamos inundados de amor, porque él *es* amor. Además, es el Príncipe de paz; así que inunda nuestros corazones con paz.

El desafío de presentar el evangelio de esa manera es que terminamos viniendo a Cristo para conseguir algo y no para entregarnos a él. Venimos con condiciones: "Siempre y cuando consiga esto, entonces vendré. Mientras pueda mantener esto, me quedaré". En otras palabras, venimos para obtener alegría, amor y paz. Pero en el momento en que no sintamos alegría o paz, nuestra fe se vuelve inestable.

Si conseguir algo es el punto crucial sobre el que toda nuestra relación se mide con Cristo, vamos a encontrar dificultades para mantener nuestro compromiso con él cuando los tiempos se pongan difíciles.

¿Qué pasaría si tuviéramos un paradigma completamente diferente? ¿Qué pasaría si entendiéramos que *Dios es el propietario legítimo de este universo y el legítimo dueño de nuestras vidas*? ¿Cómo sería afectada nuestra fe si entendiéramos que cuando Él sopló en nosotros, nos dio la vida misma?

Cuando le di mi vida se lo merecía, porque Él era aquel que me dio la vida en primer lugar. En vez de venir a Él porque queremos esa alegría, o ese amor o lo que sea que esperemos conseguir de ese convenio, ¿qué pasaría si viniéramos porque reconocimos que Él es el Dios del universo? ¿Qué pasaría si nuestra perspectiva fuera más como la de A. W. Tozer? Él dijo:

> Siendo Dios quien es y lo que es, y siendo nosotros quienes somos y lo que somos, la única relación imaginable entre nosotros es una de completo señorío por su parte y completa sumisión por la nuestra. Le debemos toda honra que podamos darle.[1]

El hecho es que cuando le damos nuestras vidas de nuevo, simplemente le estamos dando lo que se merece. Él no nos debe la paz, la alegría ni la plenitud. Nosotros le debemos todo.

"Si usted muriera ya, ¿sabe a dónde iría?"

Esta motivación para seguir a Cristo es una de las más comunes. Motivamos a la gente a "pronunciar esa oración" sabiendo que no

La fe pasiva

quieren ir al infierno para siempre. En algún momento nosotros, en el mundo occidental, redujimos la idea de seguir a Cristo a un medio para evitar el infierno. La amenaza es: si usted *no* expresa la oración, *irá* al infierno.

La verdad es que Jesús habló muy poco acerca de ir al infierno. Por supuesto, agradezco que nuestro Salvador nos rescate de una eternidad sin Dios, ¡sin lugar a dudas! Sin embargo, cuando el temor al infierno es lo que nos motiva a acudir a Cristo, eso plantea desafíos potenciales a nuestra fe. Recuerde: la premisa bajo la cual nos acercamos a Cristo da forma a cómo vivimos nuestro cristianismo. Así que la pregunta es la siguiente: *Cuando la gente acude a Cristo, ¿están huyendo del infierno o corriendo hacia Jesús?*

Si instamos a las personas a huir del infierno, ellas van a estar motivadas por el miedo y el juicio. Para evitar el infierno, se inclinan a pensar en todas las cosas malas que no deben hacer. Eso podría convertirse en una lista de cosas buenas por hacer. Por eso piensan: "Mientras haga todas estas cosas, no voy a terminar en el infierno. Pero si me equivoco, hago una oración rápida a Cristo para que me perdone".

Sin embargo, si presentáramos a Jesús, incluso apenas un vislumbre de él, en toda su belleza, su esplendor, y dejáramos que los corazones de las personas fueran capturados por la maravilla de Cristo, sería una historia diferente. En vez de seguir a Jesús para evitar el infierno, la gente se enamoraría de lo que es él y lo seguirían porque él sería la pasión de sus vidas. Lo perseguirían con toda su energía porque han sido enamoradas por él. Y él las llevaría en un viaje asombroso por el resto de sus vidas.

Considere que Jesús nunca motivó a la gente diciendo: "Si no me sigues, irás al infierno". Él dijo cosas como: "Yo soy el camino, la verdad y la vida; nadie viene al Padre, sino por mí "(Juan 14:6, RVR1960). No usó la palabra *infierno* aquí. Él dijo: "Si quiere la conexión entre usted y el Dios Padre, que hizo el universo, yo soy la única manera de conseguirlo".

Jesús estimuló constantemente la curiosidad de la gente por el

Reino de Dios. Les hizo imaginar lo que sería conectarse con el Rey del universo y tener su gobierno sobre sus vidas. Haríamos bien en hacer lo mismo.

"Todo lo que tiene que hacer es..."

De todos los enfoques que he escuchado, este es el que más me irrita. Entiendo que cuando las personas usan esta frase, no están haciendo intencionalmente una venta sutil del evangelio. Sin embargo, para todos los efectos prácticos eso es lo que están haciendo. Lo que quieren decir es: "Usted no tiene que cumplir reglas. No tiene que seguir regulaciones. No tiene que azotarse a sí mismo en la manera en que algunas religiones exigen, ni golpearse usted mismo con el fin de agradar a Dios". Lo que tratan de decir es: "Él pagó el precio por usted. Por lo tanto, usted no tiene que pagar".

Aun así, eso se convierte en una venta sutil del evangelio. Jesús dice cosas como: "Tome su cruz, y sígame" (Mateo 16:24). Lo que quiere decir es que, si lo seguimos, debemos estar listos para morir. Él señala el rumbo en que vamos, pero quiere que nos detengamos, demos la vuelta y vayamos completamente en otra dirección. Él ve que vamos por caminos que conducen a la destrucción: caminos de egoísmo, de egocentrismo, de complacencia, adaptados a la cultura y a la moda. Y nos dice: "Quiero que te detengas, hagas un giro de 180 grados y tomes la dirección opuesta".

Eso es todo lo que usted tiene que hacer: darle el control total de su vida al señorío de Cristo.

Durante su ministerio terrenal, Jesús le dio la opción a la gente. Si no estaban listos para renunciar a todo y permitirle el control total, a él no le molestaba. Es más, cuando la gente estaba ansiosa por decir: "¡Te seguiré, Señor!", les instaba a que lo pensaran. Les preguntaba: "¿Está seguro? ¿Ha calculado el costo?".

> Supongamos que alguno de ustedes quiere construir una torre. ¿Acaso no se sienta primero a calcular el costo, para ver si tiene suficiente dinero para terminarla? Si echa los cimientos

y no puede terminarla, todos los que la vean comenzarán a burlarse de él, y dirán: "Este hombre ya no pudo terminar lo que comenzó a construir." O supongamos que un rey está a punto de ir a la guerra contra otro rey. ¿Acaso no se sienta primero a calcular si con diez mil hombres puede enfrentarse al que viene contra él con veinte mil? Si no puede, enviará una delegación mientras el otro está todavía lejos, para pedir condiciones de paz. De la misma manera, cualquiera de ustedes que no renuncie a todos sus bienes, no puede ser mi discípulo.

—Lucas 14:28-33

"¿Está seguro?", preguntaba Jesús. Constantemente frenó el entusiasmo de la gente. En vez de cortejarlos o pedirles que lo siguieran, los invitaba a reconsiderar.

Nosotros hacemos todo lo contrario. Vendemos de manera sutil el evangelio, diciendo: "Todo lo que tiene que hacer es pasar adelante, decir esta oración y levantar su mano". Entonces, cuando vienen a la iglesia la semana siguiente, el predicador dice: "Ser cristiano es algo más que decir una oración. Tiene que leer su Biblia y vivir de manera santa".

Los cristianos escuchan eso y en el fondo de sus mentes dicen: "Espere un momento. La semana pasada creí que usted había dicho que todo lo que tengo que hacer es pasar adelante, pronunciar una oración y levantar mi mano. Yo no me suscribí para la versión en la que tendría que leer mi Biblia, hablar de mi fe y vivir santamente. Yo compré la versión del evangelio que me dice 'todo lo que tengo que hacer'; esa versión mediante la cual 'apenas voy a deslizarme bajo las puertas del cielo'".

Y así terminamos pensando que hay dos clases de cristianos: los verdaderos radicales que leen sus Biblias, viven santamente, no son promiscuos y no se emborrachan; y los del tipo "todo lo que tiene que hacer", que oran rápido, que se ganan una tarjeta para salir del infierno gratis, viven de la manera que quieren y piensan que la Biblia es una lista de buenas sugerencias.

No veo eso en las Escrituras. No hay dos clases de cristianos; sólo hay una. Nadie va a colarse bajo las puertas de perlas. Todo el que entre lo hará por las puertas abiertas.

"Sólo diga esta oración conmigo..."

Cuando por fin llegué a apasionarme por el Señor a la edad de dieciséis años, quise hablarles a mis amigos acerca de Jesús. Busqué y busqué en mi Biblia esa oración, la del pecador que hace que la gente sea salva. Parecía una fórmula genial, ciertas palabras "mágicas" para que la gente las diga y entonces, ¡abracadabra!, van al cielo.

Después de buscar y buscar, al fin alguien me dijo que esa oración no está en la Biblia. Recuerdo que pensé: "¿Cómo puede la oración del pecador—la más importante de todas—no estar en la Biblia? Y si no está en la Biblia, ¿cómo voy a saber la fórmula para que la gente vaya al cielo?".

Aquí está el problema: hemos reducido nuestra santa fe en un Dios todopoderoso a fórmulas hechas por hombres. Por eso nos enojamos cuando no podemos encontrar la correcta. Nos frustramos cuando nos damos cuenta de que nuestras fórmulas no funcionan. Es mucho más fácil hacer un ritual que una revolución del corazón que transforme la manera de vivir. Decir: "Solo haga esta oración conmigo" es mucho más fácil que invitar a las personas a rendirse por completo a Cristo.

No me malinterpreten; cuando realizo actividades en todo el país a las que asisten miles de adolescentes cada semana, los dirijo en una oración. Pero soy muy cuidadoso al decir: "Escuchen, yo sólo los estoy ayudando con las palabras. Esta oración tiene que venir de sus corazones, del fondo de sus almas. Es una conexión con Dios. Es el comienzo de una relación. Es como la primera vez que hablan con alguien que es real acerca de algo auténtico en sus corazones. No es el final de una conversación; es el comienzo".

La frase: "Diga esta oración conmigo", parece una especie de saludo secreto. Lo que sugiere es que, si usted aprende el saludo secreto, entra al cielo. ¿De qué se trata eso? Recuerdo que hablé en una gran actividad organizada por otro ministerio. Fue un tiempo maravilloso.

La fe pasiva

Muchos estudiantes pasaron al frente. Oraron. Se conectaron con Dios. Se arrepintieron. Fluyeron lágrimas por todas partes.

Cuando terminé, el líder dijo: "Ahora aquellos que pasaron adelante, quiero que repitan esta oración conmigo".

Aquellos adolescentes ya habían derramado sus entrañas delante de Dios y habían envuelto totalmente sus vidas en torno a Cristo. Pero en la mente de ese hombre aún no eran salvos. No tuvieron un encuentro real con Cristo porque no dijeron la "oración del pecador" exacta que su denominación patrocinaba.

Las palabras exactas no son el asunto. Pablo explicó el panorama general en su carta a los Romanos:

> ¿Qué afirma entonces? La palabra está cerca de ti; la tienes en la boca y en el corazón. Ésta es la palabra de fe que predicamos: que si confiesas con tu boca que Jesús es el Señor, y crees en tu corazón que Dios lo levantó de entre los muertos, serás salvo. Porque con el corazón se cree para ser justificado, pero con la boca se confiesa para ser salvo.
> —ROMANOS 10:8-10

Hablaremos más adelante sobre lo que significan estos versículos. Basta con decir aquí que muchos predicadores creen que si usted no dice ciertas palabras exactamente, no es salvo. Irónicamente creen que mientras diga las palabras "correctas", usted es salvo. El hecho de que las haya dicho sinceramente, haya creído en ellas o las entienda no es el punto.

Es como un cristianismo mágico, tipo "abracadabra". Por eso, acabamos teniendo personas que han dicho las palabras y han hecho las fórmulas. Que justifican cualquier cosa que hagan porque se saben al dedillo el saludo secreto.

"¿HA RECIBIDO USTED AL SEÑOR?"

Escuchamos esta frase mucho y, de todos los enfoques pasivos que hemos discutido, este—en realidad—está en la Biblia (sólo una vez):

> Mas a cuantos lo recibieron, a los que creen en su nombre, les dio el derecho de ser hijos de Dios. Éstos no nacen de la sangre, ni por deseos naturales, ni por voluntad humana, sino que nacen de Dios.
>
> —Juan 1:12-13

El problema es que la forma en que entendemos la palabra *recibido* es muy pasiva. Es como cuando recibe un regalo: usted se para y alguien le hace la entrega. Sin embargo, la palabra griega en el Evangelio de Juan no es pasiva. El vocablo traducido como "recibieron" es *lambano*, que en esencial significa agarrar algo y no soltarlo nunca.[2]

Una mejor forma de decirlo es que, los que agarran a Jesús y nunca lo sueltan, tienen el poder de convertirse en hijos e hijas de Dios. La diferencia es enorme: una forma de entenderlo produce una fe pasiva; la otra produce una fe agresiva. En un caso estamos parados y recibimos; en el otro agarramos y abrazamos.

Muchas de las palabras que usamos son pasivas. Tal vez la intención sea para asegurarnos de que las personas no están trabajando por su salvación. A eso doy un caluroso amén. Pero la frase también ha arrullado a la iglesia occidental hasta hacerla dormir. Una iglesia durmiente no es una iglesia resistente; no va a sostenerse bajo el fuego.

"¿Confiará usted en el Señor esta mañana?"

Es probable que haya escuchado desde el púlpito la expresión: "¿Confiará usted en el Señor esta mañana?". Esta es otra frase pasiva. Confiar en el Señor con toda su vida no es pasivo en absoluto, siempre y cuando usted se vea a sí mismo completa, total y absolutamente dependiente de Él en cuanto a su salvación, su vida e incluso su respiración. Sin embargo, estamos confiando en Él para que nos perdone. La mejor pregunta podría ser: ¿Confiamos en él lo suficiente como para tomarle la palabra? ¿Confiamos en Él tanto que seguimos lo que dice, aun cuando no lo entendamos? ¿Confiamos en Él aunque nada en nuestra vida parezca tener sentido? ¿Confiamos en Él lo suficiente como para descansar en la opinión que da en su Palabra más que en nuestras propias opiniones y sentimientos?

La confianza explicada de esta forma tiene mucho más lógica, ya que es más activa que pasiva; una dependencia activa en lugar de un asentimiento mental superficial. Por favor, comprenda que no estoy apuntando a ningún predicador o corriente del cristianismo. Lo que estoy diciendo es que la fe cristiana está en crisis en Estados Unidos y en toda la cultura occidental. Tenemos gente que va a la iglesia todos los domingos; sin embargo, la mayoría de la información disponible muestra que no viven de manera muy diferente al resto del mundo. Todo predicador y seguidor de Cristo debe examinar la base de nuestro sistema de creencias y el tipo de resultados que produce en nuestras vidas y en las de aquellos que atraemos para que sigan a Cristo.

Para ser resistente *debemos* construir nuestra fe sobre el fundamento adecuado con el fin de soportar los terremotos que seguramente vendrán.

Vuélvase resistente

- El *cómo* lleguemos a Cristo cuenta, ya que la comprensión que tengamos cuando acudimos por primera vez a la fe, le da forma a la manera en que vivimos nuestra fe y a cómo afecta esta nuestras vidas.

- Venir a la fe en Cristo nunca se diseñó para que lo aceptáramos pasivamente. Dios quiere que hagamos más que aceptarlo, quiere que lo sigamos, que lo persigamos, que echemos mano de Él y que nunca lo soltemos.

- Cuando usted tiene una relación personal, es evidente. No deberíamos tener que *decir* que tenemos una relación personal con Cristo. La realidad de que nuestra relación es personal debe salir a gritos de nuestras vidas.

- Nuestra fe no puede ser condicional. No le damos nuestra vida a Cristo para recibir amor, paz o alegría. Se la damos porque se lo merece. *Él es el legítimo dueño del universo y el legítimo dueño de nuestras vidas.* Él se lo merece *todo*.
- La oración del pecador no es una fórmula mágica. En vez de recitar una oración especial, Dios preferiría mucho más que tuviéramos una revolución en el corazón que transformara la manera en que vivimos.

Dios quiere que confiemos en él, pero no de una manera pasiva. Quiere que confiemos en su Palabra y en su carácter, aunque no entendamos lo que está pasando. Él quiere que confiemos en su opinión por encima de nuestra propia opinión y sentimientos. Quiere que dependamos activamente de él. Si desea comprometerse a seguir verdaderamente a Cristo, tómese un minuto para darle el control absoluto.

Señor, perdóname si he permitido que mi fe se convirtiera en poco más que un asentimiento mental pasivo. Elijo agarrarte y nunca soltarte. Tú me diste mi vida, así que te la doy de nuevo porque te lo mereces. Que mi corazón sea capturado cada día más y más por lo que eres. Te doy el control completo. He calculado el costo y decido seguirte. Abandono mi vida por la tuya. Que mi vida produzca buen fruto que atraiga a otros a seguirte, en el nombre de Jesús. Amén.

Capítulo 4

LA "TEOLOGÍA DE LA COMPLACENCIA"

USTED HA VISTO cómo han producido en nosotros, esas formas pasivas de presentación del evangelio, algo completamente opuesto a lo que Jesús quiso. También han hecho que cualquier persona que es apasionada a vivir en santidad o a cambiar al mundo luzca como que tiene una actitud tipo "más santo que tú" o que es un cristiano orientado a las obras.

Para muchas personas la idea de vivir santamente y de intentar lo más posible vivir como Jesús es sólo una de las opciones para el cristiano. Ellos dicen: "En realidad, no soy muy religioso. No estoy realmente metido en eso de las reglas. Creo que Jesús me ama tal como soy". Otros incluso afirman: "Oh, tú estás con todo eso de las reglas y la santidad. Estás tratando de ganar el favor de Dios. Yo no pienso que podamos hacer algo para ganar su amor; por lo que no estoy en eso".

Cuando ellos escuchan que usted está tomando su cruz y siguiendo a Jesús, le acusan de tratar de trabajar por su salvación. Demasiados cristianos "normales" se burlarán de su pasión por Cristo y justificarán sus placeres carnales, diciendo: "Dios quiere que yo sea feliz".

Sea que la idea de ellos en cuanto a ser feliz implique beber, bailar o hacer otras actividades, encuentran una manera de excusar eso. La complacencia ha embotado sus sentidos espirituales y ha hecho que malinterpreten la fe. En vez de ver a Cristo como Amo y Señor, *él se ha convertido para ellos en un tipo de droga para mejorar la vida.*

Antes de continuar, permítame ser claro: la Biblia no condena el beber. Sin embargo, gran parte de lo que hacen los cristianos en nombre de beber socialmente está muy lejos de la vida llena de gozo en Cristo, vida que disminuye el deseo de los placeres sensuales.

Sinceramente, no necesito un trago para "bajar la presión". Yo echo todas mis ansiedades sobre él. El tipo de vida que busca al alcohol para "bajar la presión" sólo ahoga una respuesta apasionada a las cosas de Cristo. Ello ha producido una "teología de la complacencia" que elimina cualquier sensación de destino. Hace que se olvide que usted está aquí por una razón. La idea de dejar su marca en el mundo es burlada. Usted podría incluso ser acusado de ser demasiado ambicioso. Esta teología en realidad trata de encontrar maneras espirituales para justificar la concesión y el seguir a Cristo a medias.

¡Jesús no vino para ser terapeuta nuestro! ¡Él no vino a sólo mejorar nuestras vidas y hacerlas un "poquito mejor"! ¡Él no dio su vida para ser un complemento a la nuestra, como si fuera algo que compramos en un infomercial nocturno! ¡Él vino a revolucionar totalmente nuestras vidas!

Cuando a usted se le acusa de ser demasiado ambicioso para Cristo, percátese de que las acusaciones son menos en cuanto usted y más en cuanto a la complacencia de los demás. Aquellos que están atrapados en ella tienden a justificar el no ir a ninguna parte y sentirse piadosos al respecto. Se enorgullecen del hecho de que no se "esfuerzan en su fe". Sin embargo, el hecho es que *nadie hizo una marca para Dios en el mundo con este tipo de complacencia*.

Encuentre el tesoro

> ¡Él no vino a sólo mejorar nuestras vidas y hacerlas un "poquito mejor"!... Él vino a revolucionar totalmente nuestras vidas!

El remedio para la "teología de la complacencia" es sencillo: enamorarse de Jesús. Cuando se enamora de él, usted hace un descubrimiento tan grande que cambia de buena gana toda su vida. La Escritura explica: "El reino de los cielos es semejante a un tesoro escondido en un campo. Cuando un hombre lo descubrió, lo volvió a esconder, y lleno de alegría fue y vendió todo lo que tenía y compró ese campo" (Mateo 13:44).

Este es el tesoro que hemos encontrado. No es por esfuerzo

La "teología de la complacencia"

humano; es porque él nos llamó por su gracia. Pero nosotros hicimos el descubrimiento. Eso cautivó nuestra imaginación y nuestros corazones para que quisiéramos más de él y de su Espíritu. Estamos fascinados, embelesados por lo que hemos oído. El descubrimiento nos hace caer rendidos. El amor de Jesús es tan grande y su sacrificio tan fantástico que simplemente no podemos guardarlo para nosotros solos.

Muchas personas no han hecho este descubrimiento. Saben que hay algo bueno con Dios, pero lo siguen por obligación. Saben que hay algún tipo de tesoro porque todo el mundo habla al respecto. Sienten que deberían obtenerlo de alguna manera, o convencer lógicamente a otras personas para que lo hagan. Pero sin el tesoro en sus corazones, no se sienten obligados a decirle a nadie que haga algo grande.

La gente me ha preguntado muchas veces: "¿Cómo has hecho para mantenerte tan apasionado todos estos años?".

Mi única respuesta es: "No trato de ser apasionado. Pero sé que hay cosas de la carne que deben morir. Cuando las llevo a la cruz, mueren, y esa muerte produce vida".

Es increíble: cuando una parte de mí muere, ¡da más espacio a la vida de Dios para que me llene!

Hay más de Dios disponible que lo que jamás soñamos. La vida llena del Espíritu que deseamos nos insta a buscar las cosas profundas de Dios. Anhelamos el descubrimiento del tesoro de una manera más profunda. Esa pasión por más de Él consume todo. Si usted realmente la desea, tiene que llevar su carne a la cruz.

Abandone la complacencia

Si se siente atrapado en la complacencia, no tiene que quedarse allí. Cuando usted descubre que el Creador del universo envió a su Hijo *por usted*, su complacencia será reemplazada por una pasión por él.

Isaías reconoció el tesoro y vio al Creador en toda su gloria. Simplemente lea estas palabras:

Di a las ciudades de Judá: "¡Aquí está su Dios!" Miren, el Señor omnipotente llega con poder, y con su brazo gobierna. Su galardón lo acompaña; su recompensa lo precede. Como un pastor que cuida su rebaño, recoge los corderos en sus brazos; los lleva junto a su pecho, y guía con cuidado a las recién paridas. ¿Quién ha medido las aguas con la palma de su mano, y abarcado entre sus dedos la extensión de los cielos? ¿Quién metió en una medida el polvo de la tierra? ¿Quién pesó en una balanza las montañas y los cerros? ¿Quién puede medir el alcance del espíritu del Señor, o quién puede servirle de consejero? ¿A quién consultó el Señor para ilustrarse, y quién le enseñó el camino de la justicia? ¿Quién le impartió conocimiento o le hizo conocer la senda de la inteligencia? A los ojos de Dios, las naciones son como una gota de agua en un balde, como una brizna de polvo en una balanza. El Señor pesa las islas como si fueran polvo fino. El Líbano no alcanza para el fuego de su altar, ni todos sus animales para los holocaustos. Todas las naciones no son nada en su presencia; no tienen para él valor alguno.

—Isaías 40:9-17

¿Se da cuenta de quién es este Dios? Es el Dios del universo, el que hizo todo lo que es bueno; *y él le ama.* Cuando su Hijo vino al mundo, no estaba envuelto en lino fino. Vino humildemente, en un pesebre. El mundo nunca esperó que Dios fuera humilde, pero se humilló a sí mismo por amor a nosotros.

Los ángeles sabían lo que había pasado y no podían contenerse. Prorrumpieron a través de los límites del cielo, clamando: "¡Gloria, aleluya!". Los ángeles eran tan grandes y tan cuantiosos que tuvieron que calmar a los pastores que los vieron, diciendo: "No tengan miedo" (Lucas 2:10).

El suceso fue profundo, porque el plan de Dios también lo era. Era Dios enviando a su Hijo para invadir la escena humana y traernos vida. Este era Emmanuel, *Dios con nosotros.* Imagínese, ¡servimos a un Dios que quiere estar con nosotros!

¿Ha hecho usted ese descubrimiento? El hombre que encontró

La "teología de la complacencia"

el tesoro en Mateo 13:44 lo hizo. Estaba tan entusiasmado con el descubrimiento que se deshizo de todo lo demás. Su respuesta no tenía nada que ver con obligación. Nadie tuvo que decirle que vendiera todas sus cosas para que pudiera obtener el campo. Nadie le hizo sentirse obligado. Él no temía vender todo lo que tenía. Se dio cuenta de que lo que tenía era nada en comparación con el tesoro que encontró en el campo.

Esta es la respuesta que Dios está buscando en nosotros. Cuando lo descubrimos, Él no quiere que actuemos por obligación y pensemos: "Oh, no puedo tener ninguna diversión. Me estoy marchando del mundo". Él quiere oírnos decir: "He encontrado algo que es mejor que la cura para el cáncer. He hallado la respuesta a todos mis sueños".

Unas dos semanas después del accidente aéreo estaba sentado con Hannah en el hospital, después que soportó una cirugía de injerto de piel de cinco horas y media. Mientras estaba sentado allí viendo todas las pantallas haciendo ruidos y números parpadeando en los monitores y máquinas conectadas a su cuerpo, no pude dejar de pensar en todo el tiempo y dinero invertido en la creación de cada una de esas piezas tecnológicas. Me preguntaba cuántas personas durante cuántos años pasaron su vida haciendo investigaciones, para refinar esas investigaciones y desarrollar cada dispositivo. Me preguntaba cuánto dinero y tiempo se invirtieron en la creación de la tecnología que estaba funcionando para restaurar la salud de Hannah.

Entonces pensé en todos los profesionales de la medicina, en las enfermeras, y en todos los años que pasaron entrenándose para sus profesionales aprendiendo cómo operar cada uno de esos artefactos. Luego pensé en la gente que estaba en la habitación contigua a la de Hannah y cómo el mismo ingenio y la misma inversión estaban trabajando para restaurar su salud y la de cada paciente en cada piso de todo el hospital. Luego medité en los miles de hospitales y en los millones de profesionales de la medicina en todo Estados Unidos y alrededor del mundo; todos trabajando con la esperanza de salvar y restaurar vidas.

Parece una inversión masiva—y lo es—pero se hizo porque

nosotros, como raza humana, valoramos mucho la vida. Personas de diferentes religiones y diversos ámbitos valoran tanto el salvar vidas que piensan que vale la pena invertir en la industria médica, ya sea con su tiempo o sus recursos.

Entonces reflexioné en los receptores de toda esa tecnología y esa experiencia médica, y me pregunté si realmente entendían el valor de la inversión que se había hecho. Claro, las facturas del hospital vendrán, pero, ¿comprenden los pacientes verdaderamente todos los años de estudio, investigación y financiamiento que están siendo vertidos en ellos en el momento que más lo necesitan? Cuando se restauran y salen del hospital, ¿viven de una manera que muestra que saben cuánto fueron valorados?

En otras palabras, ¿valoran ellos su propia vida lo suficiente como para vivirla de manera que sea significativa? ¿O sólo piensan para sí: "Claro que me alegra que me hayan dado unos cuantos años más de vida", y entonces se sientan frente al televisor o a una pantalla de computador por el resto de sus vidas?

Mientras estaba sentado allí con Hannah, pensé: "¡Qué gran yuxtaposición!". La gente que ni siquiera conoce a estos pacientes los valora tanto que se dedican a salvar vidas de extraños. Y, sin embargo, muchas personas viven sin propósito y sin hacer algún tipo de contribución al mundo. A pesar de que sus vidas han sido valoradas por otros, ellos mismos no la valoran. Se limitan a existir.

Como cristianos, podemos ver claramente la metáfora. Dios nos valora tanto que hizo una gran inversión en nosotros para guardar y restaurar nuestras vidas. ¿Estamos correspondiéndole? ¿Valoramos lo que él ha hecho en nosotros al punto de negarnos a vivir sin propósito? ¿Nos negamos a valorar la inversión que él ha hecho en nosotros?

Estoy inspirado a tener una vida que sea más digna del sacrificio y del valor que me fue dado. Nunca podríamos merecer el sacrificio que Jesús hizo por nosotros. Pero al menos podemos tratar de vivir de manera que muestre nuestro profundo reconocimiento al valor que Dios nos ha dado. Nuestra respuesta debe ser negarnos a tomar esta vida a la ligera y, en cambio, desarrollar una que haga una diferencia, porque entendemos que fuimos salvos por una razón.

Si usted teme dar su carne en pago para ganar el reino, en vez de simplemente cumplir con las formalidades, vuelva atrás y descubra de nuevo el tesoro. Asegúrese de que lo que ha encontrado es lo que Dios quiere para usted. Asegúrese de que lo que descubrió es el verdadero tesoro, no sólo algo que usted pensó que pudiera necesitar algún día.

No se trata de legalismo ni de seguir las reglas; se trata de acercarse a Dios y dejar que su amor nos invada. No estoy hablando de convertirse en un cristiano normal que sigue con atención la lista de lo que se puede y lo que no se puede hacer. Estoy hablando de ser una persona cuya alma ha sido llena del gozo de Dios. Como dice la Escritura: "El gozo del Señor es nuestra fuerza" (Nehemías 8:10). Sólo él puede hacernos resistentes. Él no nos pide que nos apretemos el cinturón y que tratemos de ser fuertes; *él nos hace fuertes*.

Cuando encuentre el tesoro y reconozca su valor, su corazón no podrá evitar el cambio. Se desesperará por más de Dios, será más ferviente a él y más apasionado en su respuesta a él. Sentirá un torrente de amor por él, ya que está completamente enamorado. Si usted ha languidecido en la teología de la complacencia, es el momento de permitir que su corazón cambie, no sofocándose a sí mismo, sino recibiendo su gracia preventiva, la gracia que le permite descubrir el tesoro en primer lugar.

Para dejar atrás la complacencia, hágase un par de preguntas:

1. ¿He adoptado en alguna manera una teología de la complacencia?

2. ¿He justificado una vida de complacencia (como simplemente asistir a la iglesia y llevar una vida bastante buena)?

Si la respuesta a alguna de las dos es *sí*, vaya de nuevo al principio. Redescubra el gran tesoro que es él. Desee más de su santa presencia. Hacer morir la carne le hará espacio para más de Dios en su vida; y él le dará poder para ser resistente.

Vuélvase resistente

- Si cede a la teología de la complacencia, nunca hará la marca que Dios quiso que hiciera en el mundo.

- Quienes persigan con entusiasmo las cosas de Dios no están siendo demasiado ambiciosos u orientados a las obras. Es que han encontrado un tesoro por el cual están dispuestos a renunciar a todo, puesto que nada se compara con él.

- Usted descubre el tesoro (que Dios envió a su Hijo para que nos trajera vida) por su gracia, y cuando lo hace, su corazón no puede evitar el cambio. Usted se desespera por más de Dios y lo desea fervientemente.

Si en algún momento justificó una vida de complacencia, tome este momento para arrepentirse y volver a descubrir el tesoro que Dios nos ha dado.

Señor, me arrepiento ahora por cumplir solamente con las formalidades. Me doy cuenta de que vale la pena darlo todo por el tesoro. Te doy mi carne, mi voluntad, mis caminos, mis opiniones en pago por ti, porque nada se compara contigo. Acércame a ti y cambia mi corazón por tu gracia, en el nombre de Jesús. Amén.

Resistentes de la vida real: Rahim

Un hombre iraní en circunstancias difíciles encontró el máximo tesoro y ha cambiado todo por él. A una edad temprana, Rahim vivió en las calles y no quería otra cosa que salir de su país. Creyendo que Dios lo había abandonado, se alejó de él y se enfocó en la brujería.

Rahim le preguntó a Dios por qué se sintió ignorado durante su prueba. Después de buscar en las Escrituras, Rahim se dio cuenta de que Dios no lo había abandonado. Así que decidió entregar su vida plenamente a Cristo y alejarse del pecado. Pero los espíritus demoníacos continuaban atormentándolo.

Cuando oraron por Rahim, en una reunión de oración, su vida fue transformada. "Fui libre. Fue como si mis ojos hubieran sido abiertos", dijo. "Yo ni siquiera tenía fuerzas para pensar en nada. Era como si estuviera viendo todo por primera vez". Las prioridades de Rahim cambiaron. En vez de querer huir de Irán, sólo quería seguir a Cristo. Aun cuando fue aislado en confinamiento solitario y escuchaba los gritos de su mujer venir de otra celda, Rahim se sentía agradecido. "Cuando me pusieron en prisión y cerraron la puerta, caí de rodillas y besé el suelo. Le dije a Dios: 'Tú tienes un propósito para que estemos aquí'".[1]

Un tesoro, ¡en verdad!

Capítulo 5

JESÚS, LA MEDICINA QUE MEJORA LA VIDA

En la vida, hay cosas que necesitamos y cosas que queremos. Hay una gran diferencia entre ambas, pero las necesidades y los deseos a menudo se confunden. Decimos cosas como: "Necesito ir a Starbucks ya" o "Necesito conseguir ese nuevo disco". Pero, ¿realmente necesitamos esas cosas para sobrevivir? ¿O sólo las queremos tener?

Cuando un hombre rico le preguntó a Jesús acerca de la vida eterna, este puso de relieve la diferencia entre las necesidades y los deseos del hombre:

> Cierto dirigente le preguntó: —Maestro bueno, ¿qué tengo que hacer para heredar la vida eterna? —¿Por qué me llamas bueno? —respondió Jesús—. Nadie es bueno sino sólo Dios. Ya sabes los mandamientos: "No cometas adulterio, no mates, no robes, no presentes falso testimonio, honra a tu padre y a tu madre." —Todo eso lo he cumplido desde que era joven —dijo el hombre. Al oír esto, Jesús añadió: —Todavía te falta una cosa: vende todo lo que tienes y repártelo entre los pobres, y tendrás tesoro en el cielo. Luego ven y sígueme. Cuando el hombre oyó esto, se entristeció mucho, pues era muy rico. Al verlo tan afligido, Jesús comentó: —¡Qué difícil es para los ricos entrar en el reino de Dios! En realidad, le resulta más fácil a un camello pasar por el ojo de una aguja, que a un rico entrar en el reino de Dios.
>
> —Lucas 18:18-25

Al igual que este joven rico, la mayoría de nosotros tenemos mucho más de lo que necesitamos. Lo que *necesitamos* es oxígeno, agua y alimentos. Necesidades como estas son evidentes. Pero otras no lo son tanto, como la necesidad de amor, de relaciones, de perdón y una conexión con nuestro Creador.

Sin embargo, las cosas que queremos son muy obvias para nosotros. Considere por un momento cómo piensa usted en esas cosas que desea. ¿Qué está dispuesto a hacer para conseguirlas? La persona que quiere un coche nuevo trabajará como un loco para comprar uno. El que quiere ser notado por alguien en particular va a hacer casi cualquier cosa para conseguir la atención de esa persona. Somos apasionados por las cosas que queremos y hacemos locuras para conseguirlas.

Recuerdo haber escuchado acerca de padres en Europa en tiempos de guerra que le robaban la comida a los huérfanos para alimentar a sus propios hijos. Ellos nunca habían pensado en cometer tales delitos, pero estaban dispuestos a hacer lo que fuera necesario para alimentar a sus hijos. Eso es lo que sucede cuando usted tiene una necesidad real. Va a hacer lo que sea necesario.

Para obtener una imagen de una necesidad real, imagine a un hombre que se está ahogando. ¿Puede usted verlo apretando, arañando y luchando para llegar a la superficie? Un hombre que se está ahogando lucharía hasta con la última chispa de su fuerza para conseguir el aire que necesita. Está desesperado por respirar. *El oxígeno no es sólo un deseo; es una necesidad de vida o muerte.*

¿NECESIDADES O DESEOS?

Tenemos todo tipo de deseos. Tratamos a unos casualmente y a otros con un sentido de urgencia. Cuando el último *smartphone* sale al mercado, podríamos apresurarnos a estar en la primera fila, diciendo: "Necesito tener eso". Sacrificamos nuestro tiempo y dinero, porque queremos ese teléfono y lo queremos *de inmediato*.

El querer cosas no es problema (siempre y cuando busque primeramente el Reino). Confundir nuestras necesidades con lo que queremos sí lo es. Es importante entender lo que sucede cuando las necesidades y los deseos se confunden. Digamos que usted tiene un coche que realmente necesita un poco de ayuda. Está oxidado, la pintura se le está deteriorando y los neumáticos están lisos o desinflados. La persona con menos discernimiento podría decir: "Realmente necesito pintar este auto".

Pero, ¿debe ser pintar el coche realmente la primera prioridad? No. Lo que usted realmente necesita son unos neumáticos nuevos. De lo contrario tendrá un coche recién pintado que no puede ir a ninguna parte, porque los neumáticos están lisos o desinflados. Con demasiada frecuencia, la preferencia se percibe como necesidad. Tener el coche pintado es una preferencia. Hacer que sea funcional y seguro es una necesidad.

El no poder discernir la diferencia entre necesidad y deseo hace que tomemos malas decisiones. Imagínese que usted es dueño de varios pares de pantalones de mezclilla, pero decide que "necesita" unos nuevos. Mientras tanto, se le han acabado los alimentos, pero en vez de comprar estos que *necesita*, compra aquellos que *desea*. Así que pasa hambre hasta que reciba su próximo cheque de pago.

> Si percibimos a Jesús como un *deseo* ocasional que mejora nuestras vidas, nunca lo buscaremos desesperadamente con todo nuestro corazón.

Las cosas que queremos constituyen nuestras preferencias y deseos. Ellas añaden a nuestras vidas, pero no son necesarias para sobrevivir. Simplemente hacen la vida un poco más agradable. Las necesidades son las cosas que nuestras vidas requieren. Hay una urgencia de esas cosas, porque no vamos a sobrevivir sin ellas. Por desgracia muchas personas que se llaman a sí mismas cristianas ponen a Jesús en el primer grupo. Dicen: "Lo necesito para llegar al cielo, pero realmente no lo necesito para vivir cada día. Tengo una vida bastante buena. Me va bien. Pero lo voy a añadir a mi vida porque él hace que sea un poco mejor". Para todos los efectos prácticos, Jesús mejora sus vidas.

Para demasiadas personas Jesús se ha convertido en una

medicina que mejora vidas. Eso sucede debido a la manera en que nos presentan a Jesús. Oímos cosas como: "Si quiere ese amor, esa paz, ese gozo en su corazón...". A pesar de que nos está yendo bien, empezamos a pensar que podría no ser mala idea añadir a Jesús para hacer nuestras vidas un tanto mejor. En muchos sentidos, llegamos a ser como los hindúes, que tienen más de trescientos millones de dioses. Si usted no les explica lo referente a Jesús correctamente, ellos dirán: "Está bien. Voy a aceptar a Jesús. Tengo todos estos otros dioses. ¿Por qué no tener uno más?"

Aunque es probable que nunca lo pongamos de esa manera, así es como muchos cristianos viven. Agregan a Cristo a sus vidas para hacerlas un poco mejor. Ese es el problema: si percibimos a Jesús como un deseo ocasional que mejora nuestras vidas, nunca lo buscaremos desesperadamente con todo nuestro corazón.

En una cultura rica como la nuestra se hace más y más difícil discernir cuáles son nuestras necesidades reales. Estamos tan llenos de cosas que mejoran nuestra vida que no logramos ver de qué se trata la vida realmente. El trabajo de un anunciante es convencernos de que necesitamos algo cuando realmente no es así. De modo que terminamos pensando que necesitamos esos zapatos, ese Wi-Fi, el último instrumento o artefacto. Terminamos enfocándonos en lo que queremos, descuidando lo que necesitamos. Un adolescente podría decir: "Tengo que pasar tiempo en la internet," cuando lo que realmente necesita son amigos de verdad y no falsos. Una joven podría afirmar: "Realmente necesito un novio", cuando lo que ella en verdad necesita es el cariño sano de su padre. Una pareja podría decir: "Necesitamos ese coche caro", cuando lo que realmente necesitan es la aprobación de un Dios amoroso.

Con demasiada frecuencia pensamos que necesitamos lo que la cultura dice que es importante. Así que llenamos nuestras vidas con "deseos", porque nos han dicho que mejorarán nuestras vidas. No nos damos cuenta de que son temporales y se quemarán un día. Y luego agregamos a Jesús a esa lista de cosas que mejoran la vida.

¿Qué tan grave es el problema?

Cuando usted sabe que tiene un problema y comprende su condición, su necesidad real se hace evidente. En el pasaje de Lucas 18, Jesús trató de mostrarle al joven rico su necesidad. Este le dijo: "Todo eso lo he cumplido desde que era joven. ¿Qué más tengo que hacer para heredar la vida eterna?".

El hombre sabía que había un problema, pero pensó que podía resolverlo mediante la observación de otra regla. Jesús explicó: "Las reglas no son tu problema. Tú no necesitas añadir una pequeña regla más a tu vida. Tampoco puedes simplemente agregarme para que mejore tu vida". Jesús no murió para meramente realzar nuestras vidas y hacerlas un poco mejores. No murió para que pudiéramos añadir un poco de Él a nuestra vida como la mujer que se aplica maquillaje antes de salir de su casa. Jesús murió para revolucionar por completo nuestras vidas y cambiar nuestro sistema total de valores.

Podemos seguir todas las reglas que queramos; podemos ser tan buenos como sepamos; pero hasta que no despertemos a nuestra necesidad más esencial, hemos de seguir sin vida y sin la libertad que deseamos. El asunto del pecado no se trata sólo de las cosas que hemos hecho. La raíz del problema es que hemos nacido en pecado. Somos pecadores por lo que somos.

Usted puede decirle a un perro que no ladre, pero él nació perro y los perros ladran. Usted puede decirle a un pecador que no peque, pero él nació pecador y los pecadores pecan.

Con demasiada frecuencia la gente ha mirado al mundo y ha dicho: "Dejen de hacer esas cosas malas". ¿Cómo les ayuda eso a ellos? Ellos no pueden dejar de hacerlo. Nacieron así. No nacieron para ladrar, pero nacieron para pecar. Todos nosotros lo hicimos. Hacemos cosas malas porque fuimos nacidos en pecado.

Digamos que vamos al médico porque tenemos un dolor. Le preguntamos qué tan grave es la situación. Lo que el médico diga determina lo desesperados que vamos a estar. El hecho es que nacimos con una condición tan grave que ningún conjunto de reglas podría tomar cuidado de ella. No necesitamos reglas. Necesitamos desesperadamente un trasplante de corazón. Podemos tratar de arreglar los síntomas, como lo hace mucha gente, pero reparar los síntomas nunca resuelve el problema del pecado.

No podemos decidir dejar de hacer esto o aquello o ser mejores personas. El cambio de corazón es lo que soluciona el problema. Jesús le dice al joven rico: "Haz todas las reglas que quieras, pero ellas nunca resolverán la raíz del problema". Por eso Jesús dijo que debemos nacer de nuevo (Juan 3:3).

Con demasiada frecuencia en el mundo occidental tratamos de llenar nuestras vidas con mejoras que enmascaran nuestro dolor. Nos sentimos solos, estamos rotos, estamos llenos de rabia y odio. Así que tomamos una bebida o una droga. O tal vez vemos la televisión, ahogando nuestras penas y nuestro vacío en el entretenimiento. Pero lo que realmente necesitamos es la gracia y el perdón de Dios. Necesitamos corazones nuevos. Tenemos que ser nuevas personas.

Estamos tan hasta arriba tratando de satisfacer nuestros deseos que no podemos ni siquiera ver lo que necesitamos. Como el niño muerto de hambre con el estómago hinchado, estamos hinchados pero vacíos por dentro. Estamos gordos con las cosas que queremos, pero hambrientos de la vida de Dios dentro de nosotros. Si nos diéramos cuenta de la gravedad de nuestra condición y el estado calamitoso de pecado en el que nacimos, eso produciría en nosotros una desesperación por el alimento que necesitamos: Dios mismo.

Jesús es el dador de la vida. Él no murió para ser la medicina que mejore nuestra vida. Como el niño que nace físicamente muerto, nosotros nacemos muertos espiritualmente. Y al igual que el niño que nace muerto, que no puede ser revivido pese a lo que los médicos y enfermeras hagan, sólo un milagro nos puede dar vida. Así es como usted y yo nacimos: *nacimos muertos y necesitábamos un milagro*. Una vez que nos damos cuenta de que usted y yo somos el niño que nace muerto—que nacimos muertos—, entonces despertaremos a la realidad de que *necesitamos* la vida de Cristo.

Nuestra condición es potencialmente mortal espiritualmente.

Imagínese que le digan que tiene cáncer. Al principio el cáncer estaba disfrazado, así que no se dio cuenta de que lo tenía. Pero con el tiempo se lo come a usted, haciendo que se sienta peor y peor, hasta que poco a poco lo mata. Esto es muy parecido a lo que nos sucede espiritualmente. Nacimos con un cáncer espiritual. Sin el remedio del Salvador, el cáncer nos mata poco a poco. El problema es que no nos damos cuenta de inmediato. Poco a poco la enfermedad nos carcome, así que nos sentimos peor y peor. Es una existencia desgraciada, torturada.

El cáncer de nuestras almas es el pecado. Cuando usted se da cuenta de que tiene cáncer se percata de que *necesita* un milagro. ¡Ese milagro llamado un nuevo corazón deshace el cáncer de nuestra alma! ¡*Necesitamos* ese milagro porque nacimos con el cáncer llamado pecado!

Somos como las personas que crecen en campos de confinamiento y nunca conocen otro tipo de vida. Estamos acostumbrados a las cadenas y al dolor agotador y creen que son normales. Lo que realmente necesitamos es ser liberados, pero no nos damos cuenta porque no sabemos qué es libertad o cómo luce. Así que nos conformamos con cualquier mejora que podamos encontrar dentro de las puertas de la prisión: una taza de café, un bocado extra de alimentos, una mejor vista del mundo exterior. Esos pequeños placeres no satisfacen nuestra verdadera necesidad.

Si usted nació con un defecto del corazón y necesitaba un trasplante, ¿cuán ridículo sería que usted fuera a un cirujano plástico para que le hiciera un trabajo en la nariz? Parece que en esto es en lo que muchos de nosotros estamos ocupados. Nos preocupamos tanto por la satisfacción de nuestros placeres y deseos exteriores que no prestamos atención a la condición del corazón que nos está matando. El defecto del corazón se llama pecado y la única manera de deshacerse de él es a través de un trasplante de corazón. Cuando nos damos cuenta de la profundidad de la condición pecaminosa en la que nacimos, nos desesperamos. Nos damos cuenta de que *necesitamos* a Jesús y queremos hacer algo más que simplemente

Jesús, la medicina que mejora la vida

reconocerlo una vez durante un llamado al altar; queremos más y más de él cada día. Él es la razón por la que somos capaces de tomar otro aliento. Cuando usted se da cuenta de que nació en esa prisión de pecado, ¡sabe que *necesita* ser puesto en libertad! Mi conjetura es que Jesús tiene el corazón roto por las limitaciones que aceptamos. *Jesús no murió sólo para hacer nuestra vida un poco mejor.* No murió sólo para mejorar nuestras vidas. No murió para que pudiéramos estar un poco más cómodos en nuestra miseria. Él murió para darnos la vida que necesitamos desesperadamente. Debemos darnos cuenta de la gravedad de nuestra condición.

Cuando nos percatemos de que nacimos espiritualmente muertos nos desesperaremos por perseguirlo por ser lo que él es. Nos daremos cuenta de la diferencia entre nuestras necesidades y nuestros deseos. Lo que realmente *necesitamos* es Jesús, no una medicina que mejore la vida. Lo que realmente necesitamos es Jesús, no algo que haga nuestra existencia en este mundo un poco más soportable. Para llegar a ser resistentes, necesitamos que el Hijo de Dios revolucione nuestras vidas.

Vuélvase resistente

- Debemos discernir la diferencia entre las necesidades y los deseos. Los deseos mejoran nuestras vidas; las necesidades son aquellas cosas necesarias para nuestra supervivencia.

- Muy a menudo pensamos en Jesús como alguien que añadimos a nuestras vidas para hacerlas un poco mejores. Pero Jesús no murió para mejorar nuestras vidas; murió para transformarlas.

- Más que nada tenemos que reconocer cuán desesperadamente necesitamos a Jesús. Hemos nacido en el pecado y nos está matando. Necesitamos un trasplante de corazón que sólo Jesús puede dar.

No deje que sus deseos impidan que vea su necesidad real de Cristo. Permita que Dios transforme su corazón. Pídale ahora que le llene con la vida de él.

Señor, me doy cuenta de que moriste para hacer más que mejorar mi vida. Has muerto para revolucionarla. Me arrepiento ahora de todas las formas que te vi, simplemente como alguien que haría que mi vida fuera un poco mejor. Tú eres la vida misma. Te necesito. Transforma mi corazón y cambia mi vida, en el nombre de Jesús. Amén.

PARTE 2:
EL FUNDAMENTO DE UNA FE RESISTENTE

Ya sea que los tiempos sean buenos o malos, dulces o amargos, lo que creemos le da color a lo que percibimos; y la manera en que creemos determina lo que nuestra fe produce.

La fe resistente es la que nos va a mantener toda la vida. Es una fe que no cambia con el clima ni se debilita cuando los tiempos se ponen difíciles. La fe resistente se sostiene cuando es golpeada por los reveses y las bolas curvas de la vida. Opta por seguir al Salvador, *pese a todo*.

Sea que nuestras experiencias se sientan bien o no, apoyen nuestra teología o no, completen nuestros planes o sean sensatas para la mente natural o no, la fe resistente se mantiene firme. Es la clase de fe que Jesús siempre ha deseado que tengamos.

Sin embargo, no es suficiente simplemente hablar de lo que es la fe resistente; debemos descubrir qué es lo que produce ella en nuestras vidas. ¿Cuáles son los primeros pasos en la edificación de ese tipo de fe? Ella no viene de la noche a la mañana. Y cuando usted descubre que realmente tiene fe resistente, no es por accidente. Todo comienza con la fundación.

Hemos examinado varias fundaciones falsas y defectuosas para muchos en la iglesia occidental. Por tanto, ¿cuál es la fundación correcta?

Ella comienza con un paradigma. ¿Cuál es su marco de referencia? ¿Cómo ve usted la esencia de la interacción de Dios con el hombre? Pasemos a una serie de discusiones que pueden enmarcar nuestra fe de una manera que aumente la fuerza; porque la forma en que veamos las cosas lo cambia todo.

Capítulo 6

¿QUÉ SIGNIFICA SEGUIR?

AHORA QUE HEMOS examinado las maneras poco escriturales en que la gente acude a la fe y las bases defectuosas que producen, es probable que usted se pregunte cómo espera Jesús que nos conectemos con Él y con el Padre.

Una simple palabra explica un concepto profundo: "Sígueme". Eso es lo que Jesús dijo una y otra vez. Él optó por utilizar el verbo seguir para describir cómo iniciamos una relación con él. Jesús dijo esta palabra una y otra vez. Se encuentra entre las que repitió más a menudo en los evangelios de Mateo, Marcos, Lucas y Juan. Él no estaba siendo redundante. Si esta es una de las palabras que Jesús repitió más, debe haber una razón para que la dijera tantas veces.

Jesús le dijo a Pedro y Andrés: "Síganme...y los haré pescadores de hombres" (Mateo 4:19). Los hermanos dejaron caer sus redes y le siguieron. Cuando otro hombre quería enterrar a su padre y conectarse con Jesús después, el Maestro le dijo: "Sígueme...y deja que los muertos entierren a sus muertos" (Mateo 8:22). Cuando le dijo a Mateo, el recaudador de impuestos: "Sígueme" (Mateo 9:9), Mateo también dejó todo y lo siguió, al igual que Pedro y Andrés. En otra ocasión, les dijo a sus discípulos: "Si alguien quiere ser mi discípulo, tiene que negarse a sí mismo, tomar su cruz y seguirme" (Mateo 16:24).

¡Eso es decir mucho!

Jesús explicó sus requisitos con claridad: si queremos participar con él y ser sus discípulos, tenemos que seguirlo. Entonces, ¿en qué consiste este "seguir"? ¿Qué significa seguirlo? ¿Cómo lo hacemos?

¿Qué significa seguir?

Seguir es una jornada

En Juan capítulo 3 Jesús dijo que debemos nacer de nuevo. Por favor, comprenda que nacer de nuevo es *lo que sucede* cuando usted decide seguir a Cristo. Usted se convierte en una persona nueva en él. Seguirlo a él no es sólo decidir obedecer un montón de reglas; es someterse a su autoridad. Significa decir: "Sujeto mi mente, mi voluntad y mis emociones a Cristo. Le entrego mi corazón. Le doy mi pasado, mi presente y mi futuro. Quiero traer a sumisión todo mi ser. Decido negarme a mí mismo".

Recuerdo estar sentado con Oral Roberts en su casa de California, haciéndole una pregunta normal que uno podría hacerle a alguien de su calibre. Pero recibí una respuesta totalmente inesperada. "¿Cómo se ha podido mantener fiel a Cristo todos estos años, a su ministerio y a sus votos matrimoniales?", le pregunté. Él hizo una pausa por lo que pareció ser unos cuatro a cinco minutos, hasta que el silencio se sintió incómodo. Me esperaba algo como: "Leí la Palabra y mantuve una vida de oración constante, etc." Sin embargo, lo que me dijo me sorprendió. Me miró directo a los ojos con una convicción férrea y dijo: "Ron, cuando le entregué mi vida al Señor a los dieciseite años, se la di verdaderamente. Es decir, no solo repetí un oración, ¡realmente fui *salvo*! Le entregué toda mi vida a él. Él es mi Señor". Sentí lágrimas brotar por mis ojos. Mientras él hablaba yo pensaba: "Eso es lo que me pasó. Yo también le di mi vida entera. Me rendí a él. ¡Le entregué el control de mi vida!". Es como si él hubiera dicho, cuando fuiste salvo, *¿qué clase de salvo fuiste?* ¡Porque yo realmente fui salvo de este mundo y del pecado!

Seguir a Cristo tiene muchas implicaciones. Por ejemplo, significa seguir sus enseñanzas y su estilo de vida. Al venir a Cristo llegamos a un cruce en el camino. Podemos optar por seguirnos a nosotros mismos, a nuestra carne, a nuestros amigos, a la cultura, a todo lo que es popular y conveniente, y a cualquiera que sea el estilo de vida que aprendimos. O cuando nos enfrentamos con la oportunidad de tener una vida nueva en él, ¡podemos empezar a seguirlo y vivir como él quiso que viviéramos!

Todo comienza con un primer paso y la decisión de caminar en la dirección correcta. Cuando oramos para consagrarnos a Cristo, la oración no es lo que nos salva. La oración es el inicio de un nuevo camino. Decidimos caminarlo porque elegimos seguirlo a él. El milagro de lo que sucede apenas se puede describir con palabras. El momento en que decidimos seguir a Cristo es cuando dejamos de luchar contra Dios. Dejamos de decir: "Voy a vivir mi propia vida. Voy a ser una persona triunfadora por mis propios méritos. Voy, como dijo Frank Sinatra, a hacer las cosas a mi manera".

Y elegimos su manera. Sin embargo, es sólo el comienzo. La relación requiere interacción. No queremos ser como un marido que, a cinco años de su matrimonio, escucha a su esposa decir: "Cariño, nunca más me has vuelto a decir que me amas". Diez años más tarde, ella dice: "Cariño, nunca más me has vuelto a decir que me amas". Dentro de veinte años, nada ha cambiado, y ella dice lo mismo: "Cariño, nunca más me has vuelto a decir que me amas".

Por último, el marido se harta. Pone su pie en el suelo y dice: "¡El día que nos casamos te dije que te amo! Si cambio de opinión, te lo haré saber".

Parece que demasiados cristianos occidentales están diciendo: "Hice la oración; ¡déjame en paz! Quiero vivir mi propia vida. He firmado en la línea al final del contrato y voy al cielo. ¡Deja de molestarme!"

Ese no es el tipo de relación que Jesús desea. Es más, ¡no es una relación en absoluto! Él quiere que participemos con él todos los días. Que tengamos una relación cotidiana, permanente, y eso luce como que estamos siguiéndolo conscientemente día tras día.

Ese primer paso en la dirección correcta es grande, pero es sólo la primera etapa. Hay otro paso que dar al día siguiente y otro más al otro día. La próxima semana y el mes que viene hay que dar otro paso. La aventura que Cristo tiene para nosotros se desarrolla día a día, paso a paso. Sigamos caminando con Cristo y viviendo con él.

SEGUIR AL INVISIBLE, DE VERDAD

Algunos podrían preguntar: "¿Cómo seguir a alguien que está muerto?". Es una pregunta errónea. Él no está muerto. ¡Está vivo! El Dios vivo no nos llama a seguir a un tipo muerto. Cuando usted decide seguir a Jesús, ¡Él viene a vivir dentro de usted! Cuando lo haga, usted sabrá cuán vivo está él.

Una mejor pregunta podría ser: "¿Cómo se puede seguir a alguien que es invisible?". Usted no puede ver a Jesús con sus ojos. Él no es invisible, simplemente nosotros no lo podemos ver en estos momentos. El hecho de que su esposa se vaya a la otra habitación no significa que es invisible; simplemente está un poco más allá del alcance de sus ojos por el momento. Pero él sigue siendo real. El amor es invisible pero es real. La conciencia humana es invisible pero es real.

Jesús no es visible en este momento, pero es real. Un día usted lo verá cara a cara y tocará sus cicatrices, como lo hizo Tomás (Juan 20:27-28). Puede ser que incluso lo salude y "choque esos cinco". ¡Y él le dará un abrazo de oso!

Jesús realmente es el Hijo de Dios y tiene un cuerpo real. Por ahora no podemos verlo, pero creemos de todos modos y lo seguimos. Cuando Tomás tocó sus heridas y afirmó: "Señor mío y Dios mío", Jesús le dijo: "Porque me has visto, has creído...dichosos los que no han visto y sin embargo creen"(Juan 20:28-29). ¡Esos somos nosotros!

Decidir seguir a Cristo significa que lo hacemos a pesar de que no podemos verlo. No es tan extraño como parece. ¿Sigue usted a alguna banda musical que nunca ha visto en persona? Claro. Usted escucha su música. Conoce acerca de ellos en la internet. Puede ser que incluso memorice las letras de sus canciones. Cuando alguien dice: "Me encanta esa banda", usted se anima y pregunta: "¿Qué piensas de esta canción?".

Si la banda es conocida por esa canción, usted espera que la persona a quien también le encanta la banda la conozca. Si no, usted sospecha que esa persona no es un verdadero seguidor, sino un "impostor". Un seguidor conocería esa canción.

Lo mismo ocurre con los que siguen a Cristo. Llegan a conocer su Palabra (sus "letras"). Cuando usted sigue a alguien, averigua lo que ese alguien dice. Usted se entera de lo que escribió. Se entera de su vida. Los seguidores ardientes leen las palabras de Jesús y se familiarizan lo suficiente con ellas como para compartirlas con los demás. Cuando alguien está dolido o hace una pregunta, el seguidor verdadero puede decir: "Esto es lo que Jesús dice acerca de eso". Usted sabe, porque eso es lo que los seguidores hacen, conocen a aquel al que siguen.

¿Qué pasaría si nosotros fuéramos unos verdaderos seguidores de Cristo que conociéramos sus opiniones sobre casi cualquier tema que pudiera surgir en el transcurso de un día? ¿Qué pasaría si supiéramos las "letras" de Jesús mejor que lo que conocemos todas las demás? Es probable que usted piense: "¡Esas sí que son un montón de letras!".

Es probable que usted sepa más canciones de las que puede nombrar sin pensarlo mucho. Las conoce porque sigue a los artistas. Usted es ferviente con ellos. *Quiere* saber sus canciones y quiere comprar todo lo que sacan al mercado.

Aquí está mi pregunta: ¿Es así como usted sigue a Cristo? ¿Tiene usted la misma pasión por él y su Palabra?

Muy a menudo somos como el impostor que afirma seguir una banda, pero ni siquiera sabe su canción más popular. Decimos: "Amo a Jesús". Sabemos Juan 3:16 de memoria, porque lo aprendimos cuando teníamos cinco años de edad. Pero no hemos aprendido mucho de las Escrituras desde entonces. Afirmamos que lo seguimos, pero subestimamos sus "letras".

La máxima forma de seguir

En verdad, los *seguidores* siguen. Llegan a conocer a aquel al que siguen. Aprenden acerca de su vida. Se familiarizan con sus enseñanzas. Emulan sus caminos. Buscan su corazón y quieren aprender cómo quiere él que vivamos.

¿Qué significa seguir?

Mucha gente tiene un equipo deportivo universitario o profesional preferido y lo animan en los juegos. Conocen las estadísticas de los jugadores y cuántas veces ha estado el equipo en los juegos finales o *playoffs*. Siguen al equipo. Siguen cada partido. Esto es lo que hacen los seguidores: saben de los que siguen, aunque nunca los hayan visto cara a cara.

Creo que Jesús está buscando una nueva generación de seguidores que no sólo griten en voz alta en las actividades cristianas o hablen perfecto "cristiano". Es correcto decir: "¡Alabado sea el Señor!", "Gloria a Dios", "Aleluya", "Amén". Pero Cristo está buscando algo más profundo. Está buscando personas que realmente conozcan las palabras del Hijo de Dios que dicen seguir.

Por demasiado tiempo la fe se ha ido debilitando en la iglesia porque seguimos a nuestras bandas musicales y equipos deportivos favoritos con más pasión que al Salvador del mundo. Memorizamos canciones y recitamos de un tirón las estadísticas de nuestros equipos. Seguimos horarios y vamos a los eventos. Sin embargo, cuando se trata de Jesús, apenas hacemos el tiempo para escuchar su voz.

¿Qué pasaría si supiéramos más acerca de Jesús y de su Palabra que lo que sabemos de alguien más? Eso es lo que los verdaderos seguidores de Cristo hacen. Ellos lo siguen de cerca y lo toman en serio. No necesitan ser animados o exagerados. Ellos simplemente lo *siguen*. Ellos dicen: "Lo sigo porque soy su discípulo. Soy su aprendiz; tengo hambre de conocer a aquel al que sigo".

Así es como Jesús lo describió: "Mis ovejas oyen mi voz; yo las conozco y ellas me siguen" (Juan 10:27). En otras palabras, los que siguen a Cristo se familiarizan con su voz. Llegan a conocer sus palabras y hacen lo que él dice.

Jesús dejó claro que *seguir* no es una opción en el menú, sino un requisito para aquellos que lo llaman Salvador. Jesús dijo: "Quien quiera servirme, debe seguirme; y donde yo esté, allí también estará mi siervo" (Juan 12:26). En lo que se refiere a Jesús, no podemos servirle sin seguir sus caminos y sus enseñanzas.

El objetivo final sería seguir a Cristo tan íntimamente que la gente nos confundiera con él. Así es como fueron llamados *cristianos* por primera vez los creyentes en Antioquía (Hechos 11:26). Ellos no se llamaron a sí mismos cristianos; las personas seculares lo hicieron. Aquellos creyentes que seguían el camino no lucían o actuaban como Cristo, los llamaron cristianos, o "pequeños cristos".

Alguien pudo preguntar:
—¿Es ese Jesús?
—No, es Pedro —fue la respuesta.
—Espera —¿es ese Jesús?
—No, es Marcos —alguien respondió.
—¿Es ese Jesús, ahí?
—No, esa es María; pero se ve y actúa como Jesús.

Fuesen hombre o mujer, esos creyentes estaban tan estrechamente alineados con Cristo que los confundían con él. No es de extrañar que el nombre *cristiano* pegara.

Hoy las personas se llaman a sí mismos cristianos, aun cuando no viven para nada como Cristo. ¿Qué pasaría si no hubiera diferencia entre lo que decimos que somos y nuestra forma de vivir? ¿Qué ocurriría si el cristianismo volviera a tener su reputación? La pregunta más importante es: ¿Qué sucedería si la gente realmente viera a Cristo en nosotros? Imagínese si nuestras vidas los llevaran a decir: "Nunca he conocido a Cristo personalmente, pero te apuesto que así es como él actúa".

Ese es el verdadero objetivo de nuestro "seguir".

Más que palabras

Por favor, considere que Jesús nunca le pidió a alguien que fuera cristiano. Hace años que yo tampoco lo hago. No le pido a la gente que se convierta en cristiana, porque creo que la meta es llegar a ser seguidores de Cristo que actúen como él. Cuando la gente vea eso, van a querer conocerlo. Tendrán su primera visión de él en nosotros.

Usted ya sabe que la forma en que llevemos a las personas a Cristo es importante porque afecta la manera en que van a caminar en su fe. Mencioné en un capítulo anterior que íbamos a echar un

¿Qué significa seguir?

vistazo más de cerca a los versículos que famosamente utilizamos como piedra angular para el llamado "Camino a la salvación", de Romanos. Vamos a hacer eso ahora:

> La palabra está cerca de ti; la tienes en la boca y en el corazón. Ésta es la palabra de fe que predicamos: que si confiesas con tu boca que Jesús es el Señor, y crees en tu corazón que Dios lo levantó de entre los muertos, serás salvo. Porque con el corazón se cree para ser justificado, pero con la boca se confiesa para ser salvo.
>
> —Romanos 10:8-10

Usamos este pasaje para explicar cómo llegamos a ser cristianos. A veces los versículos nos suenan tan espirituales que asumimos que sabemos lo que quieren decir. Pero, ¿lo sabemos? Este pasaje habla de declarar o *confesar* a Jesús como Señor para que podamos ser salvos. Creo que necesitamos entender esto en el contexto más amplio de la orden repetida por Jesús: "Sígueme". Confesar a Jesús como Señor es algo más que decirlo con palabras. Jesús mismo dijo: "No todo el que me dice [o me llama]: 'Señor, Señor', entrará en el reino de los cielos" (Mateo 7:21).

El cristianismo no es magia. No nos convertimos en seguidores de Cristo simplemente recitando ciertas palabras. Imagine si su fe es puesta a juicio en un tribunal. El alguacil lo podría poner a usted bajo juramento y el fiscal lo interrogaría. Si examinaran su estilo de vida, ¿habría suficiente evidencia de que Jesús es su Señor para condenarlo en realidad? ¿Revelarían sus acciones, actitudes y estilo de vida que él tiene control de su vida?

Por supuesto, sólo Dios puede juzgar el corazón, pero deje que esta ilustración se recree en su mente. Ruego que a medida que el fiscal le presione, preguntando: "¿Es usted seguidor de Cristo? ¿Está Él a cargo de su vida? ¿Es Él su Señor?", usted grite: "¡Sí! Me descubrió, ¡lo confieso! Él es mi Señor. Él tiene control de mi vida. Lo sigo con todo lo que tengo. Obedezco su Palabra; escucho sus enseñanzas; ¡y hago todo lo posible por someterme a él! Tiene razón, ¡Él es mi Señor!".

Creo que esta es la verdadera intención de la confesión que se menciona en Romanos 10. Es algo más que recitar una serie de palabras; es confesar que Jesús realmente está encargado de su vida.

Hay otra pieza en Romanos 10: creer que Dios levantó a Cristo de entre los muertos. Esta convicción viene del Espíritu Santo. Él nos impulsa a creer. Nos atrae para que creamos. Nos abre los ojos para que veamos la verdad. Puesto que el Espíritu Santo nos atrae, nosotros decimos: "¡Creo!".

Por la fe abrazamos la creencia de que Jesús murió en la cruz, que resucitó y está vivo hoy. Abrazamos la verdad de que él es el Salvador del mundo. Cuando creemos eso, él nos hace justos. Nos da un nuevo corazón, quita la iniquidad, la vergüenza y sopla en nosotros vida nueva. Con nuestras bocas confesamos para salvación. En otras palabras, puesto que confesamos, que lo decimos en voz alta, que admitimos que: "¡Sí, él es mi Salvador! ¡Sí, él es mi jefe! Sí, soy seguidor de Cristo", somos salvos.

Vuélvase resistente

- "Sígueme" es una de las palabras más repetidas de Jesús. Y es porque quiere que lo sigamos. Jesús dijo: "Si alguno me sirve, sígame" (Juan 12:26, RVR1960).

- Los verdaderos seguidores de Cristo conocen sus palabras y se aplican para saber todo sobre aquel al que siguen.

- Consagrar nuestras vidas a Cristo es el principio de un nuevo camino. Decidimos caminarlo cuando tomamos la decisión de seguirle.

Los seguidores de Cristo *siguen*. Si usted no se ha comprometido a seguir a Cristo o si ha vacilado en cuanto a ese compromiso, no es demasiado tarde para ponerse en marcha. Deje su marca en el camino. Usted puede utilizar la oración como guía:

> *Señor, decido seguirte, punto. Tú eres el dueño legítimo de este universo y el verdadero propietario de mi vida. No buscaré más mi propia voluntad ni mis deseos. Te buscaré a ti. Someto mi mente, mi voluntad y mis emociones a ti. Te doy mi corazón, mi pasado, mi presente y mi futuro. Me comprometo a conocer tu Palabra y tus caminos porque eso es lo que los seguidores hacen. Ayúdame a reflejarte en todo lo que haga, en el nombre de Jesús. Amén.*

Capítulo 7

CAPTURADO POR CRISTO

EN INGLÉS HAY una frase muy común que dice "I love you" y que se traduce al castellano como: "Me encanta". Es por eso que en inglés se dice "I love this hamburger", que traducimos como: "Me encanta esta hamburguesa". Lo mismo ocurre con la pizza, el cabello de alguien, la ropa, el auto y hasta se dice: "¡I love Jesus!", que se traduce como: "¡Amo a Cristo!", lo cual (en la lengua inglesa "love" puede expresar tanto que le gusta o encanta algo como que ama a alguien) pone a Jesús a la altura de las hamburguesas con queso. En cualquier idioma, cuando lanzamos la palabra *amor* con ligereza, el verdadero significado de amar a Dios se pierde fácilmente.

Si le preguntara a la mayoría de la gente: "¿Amas a Dios?", le dirían: "¡Seguro! ¡Yo no lo odio!" (A menos que realmente lo odien). Sin embargo, no dice nada que se parezca a lo que Jesús quiso expresar cuando dijo: "Ama al Señor tu Dios con todo tu corazón, con toda tu alma, con toda tu mente y con todas tus fuerzas" (Marcos 12:30).

En vez de preguntarnos: "¿Amo a Dios?", mejor sería decir: "¿Ha cautivado Dios mi corazón?".

Las cosas que capturan o cautivan su corazón captan su atención. Mi esposa solía tener ese problema en el centro comercial. Ella pasaba caminando por los escaparates y algo captaba su atención. Sentía que tenía que entrar en la tienda y probárselo. Lo modelaba y se sentía tan bien con eso—a pesar de que había entrado "sólo para ver cómo se ve"—que al poco rato estaba saliendo del centro comercial con eso. Compraba el artículo porque había captado su atención.

Los avances de las películas son buenos haciendo eso. Apenas ve dos o tres minutos de un adelanto de una película en producción y le dan ganas de verla completa. No puede pensar en otra cosa hasta que sale la película. Se la pasa buscando en la internet sólo para ver cuándo va a llegar a su ciudad. La película ha captado su atención. Los anuncios comerciales están hechos para cautivar nuestra atención y hacer que nuestras bocas se hagan agua. Esa carne jugosa, ese pastel de chocolate, esa gran pantalla de televisión, se convierten en lo único en lo que uno piensa en el resto del día. Después de ver el comercial, todo lo que usted quiere hacer es llegar a ese restaurante o a esa cierta tienda. Ha capturado su atención.

Para que tengamos una base sólida, tenemos que preguntarnos: "¿Ha cautivado Jesús nuestros corazones?". ¿Estamos locamente enamorados de aquel que dio su vida por nosotros? ¿O es una idea de último momento, alguien que reconocemos al principio y al final de nuestros días? ¿Vemos el hecho de dar nuestro tiempo como "algo" obligatorio que hay que hacer para no sentirnos malas personas? Para que seamos cautivados por Cristo, debemos identificar las cosas que ya nos han capturado y que han tomado el lugar que debería ser ocupado por él únicamente en nuestro corazón.

Medite en eso por un momento. ¿Qué ha consumido su atención en el último día o el anterior? ¿Qué cosas roban su tiempo y su concentración? Esas cosas están compitiendo con Dios por su completa devoción. Si Dios *realmente* es el gran Rey del universo que *realmente* dio su Hijo, entonces es *realmente* digno de todo nuestro corazón.

Jesús quiere nuestro corazón

¿Qué significa amar a Dios? Jesús dijo: "Ámalo con todo tu corazón". El corazón es la parte más profunda de lo que somos; es nuestro núcleo; es nuestro centro. Nuestro amor no viene de nosotros; proviene de él. Él continuamente nos provoca a amarlo. Dios nos amó primero (1 Juan 4:19).

Resulta que la parte más profunda de nuestro ser es lo primero que Dios quiere y esa es nuestro corazón. *Nuestro corazón es lo único que Dios realmente quiere.* Él no se preocupa por el dinero; ni por nuestros talentos; tampoco por cómo se ve nuestro cabello ni por cómo nos vestimos. Lo que más le interesa no es nuestro desempeño por él ni las reglas que obedezcamos. Nos quiere a nosotros: a los verdaderos nosotros. Él no quiere un obligatorio "Sí, te amo, Señor. Sí, voy a ir a iglesia. Sí, voy a hacer lo que dices". Lo que Jesús dice es: "Si ustedes me aman, obedecerán mis mandamientos" (Juan 14:15). Eso se debe a que los que le obedecen lo hacen con un corazón que ha sido cautivado.

Después que un hombre y una mujer se casan, están perdidamente enamorados y cautivados uno al otro. Se podría decir que han sido "capturados por el amor del uno por el otro". Van a hacer lo imposible para que el otro sea feliz. Sin embargo, con demasiada frecuencia, después de que pasa cierto tiempo, lo que comenzó como alegría sigue como obligación. Hay demasiadas personas que viven su cristianismo de esa manera.

> Lo que más le interesa a Jesús no es nuestro desempeño por él ni las reglas que obedezcamos. Nos quiere a nosotros: a los verdaderos nosotros.

O imagínese a un marido que va a trabajar para obtener el dinero para comprar alimentos, para hacer el pago de la casa y para cuidar de la familia. Sin embargo, lo hace por obligación, no por amor o compasión. Imagínese si el matrimonio de una pareja comenzó de esa manera: Caminan por el pasillo hacia el altar y hacen sus votos. Pero a lo largo de todo ello, el marido sólo está pensando en los beneficios que está recibiendo. Está consiguiendo una cocinera, alguien que le limpie la casa, una pareja sexual y otros beneficios. Cuán craso sería si su corazón nunca hubiera sido capturado por su novia.

Así es como muchas personas comienzan su relación con Cristo. Piensan en lo que van a sacar de ella, pero nunca se conectan con la esencia de lo que Jesús buscaba en primer lugar: sus corazones. Dios anhela darnos todos sus beneficios (véase el Salmo 8), pero esos beneficios siguen a un corazón y a una vida que han sido capturados por Cristo.

Amar con toda nuestra alma

Nuestras almas están constituidas por la voluntad y las emociones. Imagínese que decidimos amar a Dios por voluntad propia y permitimos que esta sea quebrantada, de manera que podamos decir en verdad: "No se haga mi voluntad sino la tuya", como dijo Jesús en el jardín de Getsemaní.

Como ya hemos comentado antes, amar con nuestras emociones no significa dejar que ellas nos manipulen. Al contrario, significa que sometemos nuestras emociones a la Palabra de Dios. Significa decidir, a lo largo del día, cuáles emociones son buenas y cuáles deben ser obviadas. Por ejemplo, si usted está viviendo en temor, debe echar el temor a un lado y ponerlo en las manos de él. Si está viviendo con ansiedad, eche su ansiedad sobre él.

Amarlo con nuestras emociones también es aprovechar esa profunda conexión emocional que él quiere tener con nosotros. Por lo general, experimentamos esa conexión emocional con el Señor con más fuerza cuando lo adoramos. A veces, entrar en un servicio en el que las personas adoran con todo su corazón, su alma y sus emociones es como entrar donde una pareja se está besando. Es un poco incómodo porque usted siente como que se supone que no esté allí.

La adoración es la máxima expresión de nuestra conexión emocional con Dios. Mientras adoramos, interactuamos personalmente y nos acercamos a él.

Amar con toda nuestra mente

¿Qué pasaría si filtráramos todos nuestros pensamientos basados en lo que honra a Dios? La Segunda Carta a los Corintios 10:5 dice: "Destruimos argumentos y toda altivez que se levanta contra el conocimiento de Dios, y llevamos cautivo todo pensamiento para que se someta a Cristo". Como pensamos, lo que pensamos, la filosofía por la que vivimos, lo que escuchamos y lo que vemos, todo eso nos moldea.

¿Qué pasaría si realmente ponemos nuestra mente en las cosas de arriba? ¿Qué ocurriría si no tuviéramos nada que ver con las "obras infructuosas" del mundo (Efesios 5:11)? Nuestra mente es la herramienta que Dios nos ha dado para pensar, para construir, para diseñar y planificar. Sin duda, una mente que está establecida en Dios logrará lo máximo para su reino. ¿Qué sucedería si, en lugar de permitir que nuestra mente se convierta en el patio de recreo del enemigo, fuera un parque infantil para Dios?

Amar con todas nuestras fuerzas

"¿Cómo ama usted a Dios con su fuerza?" Lo ama a través de lo que hace cada día. Su amor se refleja en la forma en que usted ejerce su energía, cómo trata a la gente y la manera de interactuar con los demás. Eso se refleja en su universidad, su carrera, su futuro.

Incluso se refleja en los equipos deportivos. Es muy común que un entrenador mire a un jugador directamente a los ojos y le diga: "¿Me estás dando tu todo? ¡Dámelo!". Él es exigente, está al mando, e insiste en que toda la energía física sea ejercida en la cancha en ese momento. Eso es lo que Jesús pide cuando dice: "Ámame con tu fuerza". Lo que está diciendo es: "Ámame con cada pizca de tu energía".

Con demasiada frecuencia nuestro servicio cristiano se convierte en una obligación con un conjunto de reglas. Tenemos que volver al título de este capítulo y preguntarnos: "¿Ha capturado él mi corazón? ¿Me he deshecho de las cosas que tan fácilmente me tratan de capturar a diario? ¿Qué cosas amo y cuáles persigo?"

Jesús nos invita a *perseguirlo*. Sabemos cómo luce la persecución en las relaciones terrenales. Algo pasa cuando un hombre persigue a una mujer. Persigue, persigue y persigue; corteja su corazón y ella responde. Alabado sea Dios que nos persiguió, persiguió y persiguió, hasta que en un momento respondimos. La pregunta es: ¿hemos seguido respondiendo? El mundo sigue incitándonos y tratando de capturarnos con otra preocupación. Nos atrae con otro anuncio u otra actividad.

Por eso Jesús dijo: "Busquen *primeramente* el reino de Dios y su justicia, y todas estas cosas les serán añadidas" (Mateo 6:33). Si lo hacemos, nuestra mente no se enfocará en tener cosas. Permaneceremos capturados por él, porque lo estamos buscando primero.

Un "chequeo del corazón" diario nos haría bien. Pregúntese: "¿Ha sido mi corazón capturado por Cristo?".

Vuélvase resistente

- Amar realmente a Dios es tener nuestro corazón capturado por él. Significa que él ha acaparado nuestra atención por encima de todo lo demás.
- El corazón es la parte más profunda de nosotros. Es lo único que tenemos que Dios realmente quiere.
- Amar y servir a Dios es algo más que estar a la altura de un conjunto de reglas. Debemos amarlo con toda nuestra fuerza, con todo lo que hacemos y toda la energía que utilizamos para hacerlo.

Señor, decido ser capturado por ti. Quiero amarte de la manera en que mereces ser amado. Enséñame a amarte con pasión. Permite que tu búsqueda de mí obligue mi feroz búsqueda de ti. Doy mi atención a ti y a las cosas que son importantes para ti. Presento mi corazón, mi alma, mi mente y mi fuerza para servirte, en el nombre de Jesús. Amén.

Capítulo 8

¿FE INFANTIL O COMO *LA DE UN NIÑO*?

Jesús dijo: "A menos que ustedes...se vuelvan como niños, no entrarán en el reino de los cielos" (Mateo 18:3). Él no se estaba refiriendo a la *fe infantil*; estaba hablando de *fe como la de un niño*. Una de las mayores señales de la primera es lo que llamo "creencia fácil". Tenemos una epidemia de eso. Ha creado un fundamento en la fe de la mayoría de las personas que no sólo está edificada sobre arena, simplemente, sino sobre arena movediza.

Me explico. Jesús habló muchas veces acerca de tener fe y en cuanto a creer. La Escritura más famosa acerca de creer es Juan 3:16: "Porque tanto amó Dios al mundo, que dio a su Hijo unigénito, para que todo el que *cree* en él no se pierda, sino que tenga vida eterna". Conocemos este versículo muy bien, pero, ¿sabemos lo que Jesús quiso decir con la palabra *creer*?

Para una visión más completa, notemos algunas otras cosas que Cristo dijo acerca de creer. Cuando los judíos procuraban matarlo, Jesús habló marcadamente acerca de creer en él: "Ciertamente les aseguro que el que oye mi palabra y cree al que me envió, tiene vida eterna y no será juzgado, sino que ha pasado de la muerte a la vida" (Juan 5:24). Cuando sus seguidores querían saber cómo realizar las obras de Dios, Jesús respondió: "Ésta es la obra de Dios: que crean en aquel a quien él envió" (Juan 6:29). Cuando Marta, la hermana de Lázaro, lamentaba la muerte de su hermano, Jesús desafió su creencia. "Sí, Señor", respondió ella, "yo creo que tú eres el Cristo, el Hijo de Dios, el que había de venir al mundo" (Juan 11:27).

Jesús no apuntó a una fe infantil, a una fe que fuera fácil creer. Él

*¿Fe infantil o como **la de un niño**?*

hizo clara la seriedad del tema. Mostró a sus seguidores que creer tenía implicaciones eternas e involucraba obediencia. Así que no escatimó palabras.

El apóstol Juan proporcionó nuevos datos sobre la importancia y el propósito de creer:

> Pero éstas se han escrito para que ustedes crean que Jesús es el Cristo, el Hijo de Dios, y para que al creer en su nombre tengan vida.
>
> —Juan 20:31

> Y éste es su mandamiento: que creamos en el nombre de su Hijo Jesucristo, y que nos amemos los unos a los otros, pues así lo ha dispuesto.
>
> —1 Juan 3:23

Jesús no sugirió que creyéramos; nos lo ordenó. No se trata de creer que el cielo es azul y las hojas son verdes. Eso es fácil; vemos que el cielo es azul y las hojas son de color verde. Con mucha frecuencia pensamos que sólo tenemos que conseguir que la gente crea en algo y eso los salva. Todos hemos escuchado a alguien decir: "Creo en Dios. Creo en Jesús. Supongo que me voy al cielo". ¿Es esto en lo que Jesús pensaba cuando nos ordenó que creyéramos? No lo creo. Si usted realmente cree en algo, va a hacer algo al respecto.

Imagínese a un hombre cortejando a una joven. ¿Qué pasa si en un momento de encaprichamiento, él exclama: "¡Creo que tú eres la única chica para mí!" y desaparece por un año? ¿Qué pasa si él regresa sólo para repetir su extraño comportamiento un año más tarde, cinco años después de eso y diez años luego de eso?

En algún momento esa joven se va a poner firme, exasperada, y dirá: "Si realmente crees que soy la indicada para ti, ¿dónde está la gema? Muéstrame el anillo. ¿Quieres pasar el resto de tu vida conmigo? Entonces haz algo al respecto. ¡Comprométete!

Cuando Jesús nos invita a creer que es el Hijo de Dios, nuestra confesión da inicio a la travesía. Es un paso en la dirección correcta, el primero para convertirnos en seguidores. Pero en algún momento tenemos que actuar de acuerdo a lo que dijimos. Tenemos que creer al punto en que comprometamos nuestras vidas y estilos de vida con él. Tenemos que creer tan firmemente que él es el camino, la verdad, la vida, el único camino al Padre, que tomemos sus mandamientos en serio. (Juan 14:6). Tenemos que creer tan plenamente que terminemos reorientando nuestras vidas enteras alrededor de él.

Lo que quiero decir es que lo colocamos a él en el centro de todo lo que nos concierne. Determinamos que, a partir de ese momento, todo—toda amistad, actividad, decisión y actitud—debe girar en torno a él.

La fe infantil no puede hacer eso. Al contrario, se centra en el yo y en lo que yo quiero y necesito. La fe como la de un niño se sale del yo y confía en él, queriendo que su voluntad sea cumplida y haciendo cualquier compromiso que sea necesario.

Otro ejemplo de relaciones va a ayudar a explicar la clase de fe que necesitamos: ¿Cuál sería el punto de estar casado si le dijera a mi esposa: "Es realmente maravilloso estar casado contigo, pero quiero mantener mi propio apartamento. Tú puedes mantener el tuyo también. Será genial. Vamos a vernos de vez en cuando"?

¡Qué idea tan desastrosa y confusa sería la de compartir una vida juntos así! Cuando usted se casa, se compromete y *se reorienta* a una relación compartida. Los dos deciden dónde van a vivir *juntos*. Ambos deciden cuándo pasar tiempo *juntos*. Discuten sobre las decisiones antes de tomarlas. Enfocan su vida en torno a la otra persona, porque han hecho un compromiso.

> La fe infantil se centra en el yo y en lo que yo quiero y necesito. La fe como la de un niño se sale del yo y confía en él, queriendo que su voluntad sea cumplida.

Eso es lo que significa hacer de Jesús el centro de nuestras vidas. No es una expresión hiperbólica. Es exactamente precisa. Él es el "sol" en torno al cual orbitamos. Hacemos todo en relación a lo que él quiere porque creemos firmemente que es el Hijo de Dios, el que nos dio la vida. Debido a eso, le debemos todo el respeto y la honra.

¿Fe infantil o como *la de un niño*?

Comenzamos con una fe sencilla, como la de un niño que cree sinceramente y con entusiasmo cualquier cosa que él diga. Llegamos a ser completamente dependientes de él. Eso es lo que él quiere. No debemos pensar que podemos hacer nada por nuestra cuenta. Los pequeñines tratan de hacer eso. Ellos dicen: "No, yo puedo hacer esto por mí mismo". Quieren ser independientes de sus padres, aunque no puedan posiblemente tener éxito sin la ayuda de sus padres.

La fe infantil hace lo mismo. Creemos que somos maduros, así que dejamos de depender de él de la manera en que lo hicimos una vez. Esa no es su idea. Él quiere que seamos como los niños, que son totalmente dependientes sus padres para *todo*. Esa es la fe de niño que Dios quiere ver en nosotros.

Un punto final se encuentra en el siguiente pasaje de una de las epístolas de Pedro:

> Precisamente por eso, esfuércense por añadir a su fe, virtud; a su virtud, entendimiento; al entendimiento, dominio propio; al dominio propio, constancia; a la constancia, devoción a Dios; a la devoción a Dios, afecto fraternal; y al afecto fraternal, amor.
>
> —2 Pedro 1:5-7

Nuestra fe debe ser sencilla y como de niño; sin embargo, Pedro dijo que debemos *agregar a ella*. En otras palabras, debemos crecer. Esto no se trata de obras, sino de nuestro nivel de compromiso con Cristo. Si confiamos seriamente en él, si verdaderamente creemos que él es el camino, si lo seguimos con todo nuestro corazón, podemos construir nuestras vidas sobre una base de dependencia total y completa.

Demasiadas personas que dieron sus vidas a Cristo cuando eran jóvenes nunca añadieron a su fe. Diez, veinte e incluso cincuenta años más tarde todavía están asistiendo a la iglesia con regularidad, pero no han añadido a su fe. No han construido un estilo de vida de carácter. No han desarrollado un estilo de vida que esté verdaderamente orientado en torno a Cristo. Aún no han hecho de Cristo el centro de sus vidas. Todavía tienen los mismos hábitos que tenían al comienzo de su caminar con el Señor, o incluso antes de convertirse en cristianos. No le han permitido a Cristo tratar con su ira, sus decisiones financieras o sus relaciones. Se han conformado con una "credibilidad" fácil. Están satisfechos con una versión del cristianismo que dice: "Yo creo en Dios. ¡Eso es suficiente!".

Bueno, Santiago 2:19 advierte: "También los demonios lo creen, y tiemblan". Tener una credibilidad infantil súper simplista no es una virtud. Dios quiere que tengamos fe como la de un niño, que demande que todo esté orientado en torno a Cristo. Esa clase de fe dice: "Yo creo firmemente, haré todo lo que me pidas, cuando lo pidas, aun a riesgo de mi propia vida. Lo haré aunque me sienta incómodo, enfermo o confundido acerca de lo que quieres decir. Aunque no me guste lo que me pidas, diré: 'Sí', porque estoy comprometido". Fe como la de un niño, no fe infantil, es lo que nos hace resistentes.

Vuélvase resistente

- La fe infantil se centra en el yo, en lo que queremos y necesitamos. La fe como la de un niño depende de Dios como el niño de sus padres.
- Dios quiere que dependamos de él en cuanto a cada necesidad.
- No es suficiente con creer en Dios; debemos creer tanto que estemos dispuestos a seguirle a cualquier lugar.
- Debemos crecer. Hay que añadir a nuestra fe.

Señor, no me voy a conformar con una "credibilidad" fácil. Sí, creo en ti, pero no me detendré allí. Jesús, sé el centro de mi vida. Voy a hacer todo lo que pidas, cuando lo pidas. Incluso si estoy incómodo o confuso, incluso si no me gusta lo que tengas que decir, me comprometo a seguirte porque te amo; en el nombre de Jesús. Amén.

Capítulo 9

LOS HIJOS DISFUNCIONALES DE DIOS

En la actualidad, parece como que todo el mundo estuviera hablando de cuán disfuncionales son sus familias. Tal vez no haya familias sin algún grado de disfunción. Incluso en la familia de Dios hay muchos que tienen una relación disfuncional con su Padre. Esta disfunción comenzó allá en el principio, en el momento en que Adán y Eva, los primeros hijos de la familia que Dios creó, trataron de vivir sin él.

Tener una comprensión correcta de nuestra relación con Dios, tal como fue inicialmente diseñada, es fundamental si hemos de ser resistentes; no importa lo que venga a nuestro camino. Nuestro cristianismo no es algo por lo que nos esforcemos; es un regalo. Dios envió a su Hijo a morir por nosotros, y por gracia somos salvos, no por nuestras propias obras (Efesios 2:8-9). Pero el hecho de que optamos por seguir a Cristo apunta a la realidad de que una vez existimos en este mundo sin Dios y que él cambió la esencia de nuestra existencia cuando lo encontramos.

Jesús dijo en Mateo 18:3-4: "Les aseguro que a menos que ustedes cambien y se vuelvan como niños, no entrarán en el reino de los cielos. Por tanto, el que se humilla como este niño será el más grande en el reino de los cielos".

Vea el capítulo anterior y piense en la diferencia entre *fe infantil* y fe *como la de un niño*. Medite en la actitud que los bebés tienen hacia sus padres. Son completa, plena y totalmente dependientes de sus padres para alimentarse, vestirse, *para todo*. Algo pasa cuando los niños llegan a los dos, tres y cuatro años de edad: ya piensan que pueden valerse por sí mismos. Tratan de actuar independientemente, a pesar de que no hay manera posible de que puedan sobrevivir sin la ayuda y la provisión de sus padres.

Curiosamente, los creyentes tenemos algunos de los mismos hábitos de los pequeños. Después que hemos estado en Cristo por un tiempo, pensamos que podemos hacer las cosas por nuestra cuenta. Comenzamos a desviarnos de la actitud totalmente dependiente que teníamos cuando llegamos por primera vez a Cristo. Jesús tuvo algo que decir acerca de esa actitud. Dijo que los que se humillan como niños serán los más grandes en el reino (Mateo 18:4). Los niños saben que necesitan de sus padres para la alimentación y la vivienda; reconocen la autoridad de ellos; tienen un deseo natural de complacer a sus padres; por lo que admiran y respetan a sus padres como héroes.

Una de las necesidades fundamentales de los niños es el amor. Un niño sin amor muere por dentro y por fuera. Esa ansia de amor es común entre todos los seres humanos. Simplemente debemos tenerlo. No podemos vivir sin amor, así como un pez no puede vivir fuera del agua. El ser humano no puede vivir—*realmente vivir*—sin amor.

¿No es interesante que Dios nos hiciera para que nuestra mayor necesidad (amor) fuera lo mismo que conforma su naturaleza? La Escritura dice que Dios *es* amor (1 Juan 4:8). Me pregunto si eso explica por qué estamos tan intrigados con las historias de amor. Los cuentos y los dramas más populares por miles de años han sido las historias de amor. Las canciones country, rap y pop más comunes son todas sobre el amor.

Los síntomas de la vida sin amor

No importa cuántas veces nuestro corazón haya sido roto; siempre buscamos un nuevo amor o más amor. Hay algo que parece eludirnos, un ansia que está en lo profundo de nuestras almas. Queremos tener amor, ser amados y amar a los demás. El amor es la base de nuestras vidas y hasta que no experimentemos el amor verdadero nunca habremos realmente vivido. Los niños que no saben que son amados, son inadaptados y disfuncionales. Tenemos todo un mundo lleno de seres humanos que, en su mayor parte, no saben

Los hijos disfuncionales de Dios

que son amados por el Dios del universo. Por eso tenemos todo tipo de desajustes, incluyendo guerras, odio, divorcio, luchas y hambre de poder. Todos esos son síntomas de un deseo insatisfecho.

Echemos un vistazo a algunos de los síntomas específicos:

1. Síndrome de retraso del crecimiento

Esto ocurre con mayor frecuencia en los orfanatos que tienen demasiados bebés para el número de trabajadores. Estos no tienen tiempo para cargar, sostener y amar a todos los bebés. Después de meses de no ser tocados, esos niños dejan de comer, de crecer y de sonreír. Pesan menos de lo normal y a veces hasta mueren; simplemente, por no ser amados. No es que no tengan suficiente comida; sencillamente no se desarrollan. Imagínese eso: un bebé que muere por falta de amor. Muchos cristianos son así; tienen retraso en el crecimiento. No saben lo mucho que Dios los ama. Están tratando de ganarse su amor y su provisión. No crecen; no sonríen; no están llenos de alegría; no están comiendo espiritualmente. Se vuelven apáticos y, al fin, se secan por dentro; al igual que el bebé que no es amado.

2. Inseguridad

Los niños que no saben que son amados llegan a ser muy inseguros, siempre buscan elogios. Plantean preguntas como las siguientes: ¿Cómo lo hice? ¿Cómo me veo? ¿Cómo se ve mi pelo? ¿Cómo está mi ropa? A veces, su inseguridad se expresa a través de la arrogancia; sobreactúan en gran manera porque no quieren que los demás vean su inseguridad. Su arrogancia es un síntoma de no saber que son plenamente conocidos y enteramente amados.

3. Comportamientos que buscan atención

Algunos niños desarrollan comportamientos que buscan atención porque no se sienten amados. A menudo tienen actitudes negativas, problemas con drogas o rebelión, explosiones de ira y amargura. Muchos se hacen perforaciones, tatuajes o van de un novio o novia a otro (sobre todo los que sus padres no aprueban). Por supuesto, los adultos tienen sus propios comportamientos de búsqueda de atención. El punto es el siguiente: cuando usted no está seguro de que es amado no importa qué, inconscientemente adopta comportamientos que sabe harán que usted sea notado.

4. Ganar la aprobación

Las personas que no saben que son amadas se esfuerzan por ganar la aprobación de los demás. Algunos lo hacen sacando buenas calificaciones. Otros se esfuerzan por sobresalir en los deportes. No importa cuán exitosos sean, algunos nunca sienten que son lo suficientemente buenos. Llegan a ser legalistas en cuanto a normas y regulaciones en sus vidas espirituales: *Si sólo hiciera esto o aquello, Dios me aprobará más. Me amará más. Voy a ser un mejor "soldadito de plomo" para Dios.* Ellos tratan de ganar, ganar, ganar en vez de simplemente crecer en su caminar con Dios.

El mayor problema para la gente en este mundo no es saber que son amados por el Creador del universo. El mayor problema que los creyentes tenemos es no saber cuánto somos amados por el Creador del universo.

Vivir como pez en el agua

Entonces, ¿cuál es la respuesta? En pocas palabras, es vivir en el amor de Dios como el pez vive en el agua. Simplemente piense en esto: los peces son los últimos en darse cuenta cómo se siente el agua, porque están muy acostumbrados a estar inmersos en ella. Pensar en un pez que vive fuera del agua es inimaginable. Sus branquias están diseñadas para tomar el oxígeno del agua. Sáquelo del agua y aleteará de un lado a otro, buscando desesperadamente el aire.

Cuando mis hijos eran pequeños, me gustaba llevarlos de pesca. A veces atrapábamos peces, los dejábamos que aletearan mientras les sacábamos el anzuelo y, luego los tirábamos de nuevo al agua. Los peces que aletean me recuerdan a una gran cantidad de personas, que nunca fueron destinadas para vivir fuera del amor de Dios. La mayoría de la gente no vive en el amor de Dios, por lo que aletean de un lado a otro buscando aire y asfixiándose todo el tiempo. El oxígeno que ellos anhelan está en el océano del amor de Dios.

Los hijos disfuncionales de Dios son niños hambrientos de amor divino. Cuando estamos hambrientos de amor, hacemos todo tipo de cosas locas, y toda clase de disfunciones se desarrollan en nosotros. Una vez que entendemos que, como seres humanos estamos diseñados para vivir en el océano del amor de Dios, entendemos que también hay restricciones en esas aguas. Aun cuando ellas no son difíciles. Jesús dijo: "Mi yugo es suave y mi carga es liviana" (Mateo 11:30).

Su yugo *no* es pesado, pero aun así es un yugo. Nuestra carga es la siguiente: permanecer en el agua, sumergidos en el amor de Dios. Cuando llegamos a la fe, hay un nuevo Rey al cual pertenecemos. Hay cosas nuevas que comer y nuevas formas de vivir y relacionarse con los demás (incluyendo padres, amigos y autoridades). Ahora vivimos en un mundo completamente nuevo y tenemos que aprender un nuevo estilo de vida; el estilo de vida del Rey. Eso significa que hay que hacer lo que le agrada. Eso es lo que significa ser un seguidor de Cristo.

> Los hijos disfuncionales de Dios son niños hambrientos de amor divino.

Muchas veces la gente da su corazón a Cristo, aunque todavía quiere vivir en la tierra. Pero tenemos que aprender a vivir en el Reino de Dios, sumergidos en su amor. Vivir en su reino no es lo mismo que vivir en el planeta Tierra. Nosotros no obedecemos la Palabra de Dios y vivimos de la manera que dice que vivamos simplemente para cumplir una obligación. Dios no quiere que vayamos refunfuñando por todo lo largo del camino de la vida. Nosotros no vivimos en el océano del amor de Dios para que podamos respirar y simplemente existir. Hay hazañas que deben realizarse y grandes aventuras que experimentar. Seguir a Cristo no es sólo una cuestión de supervivencia.

Con mucha frecuencia, cual seguidores de Cristo, nos lanzamos al océano del amor de Dios emocionados por haber nacido de nuevo. Tenemos corazones nuevos; hemos sido perdonados; nadamos por todas partes y disfrutamos bastante, porque nos damos cuenta de que—después de todo—*somos* peces. Respiramos en el oxígeno del amor de Dios y miramos hacia afuera para ver a la gente en la orilla riendo, sonriendo, festejando y actuando como si todo estuviera genial.

Empezamos a sentir celos, de modo que saltamos de nuevo a tierra. Intentamos fumar, andar de fiesta, beber y tener sexo con cualquiera o cualquier otra cosa, y nos damos cuenta después de un tiempo que estamos luchando por respirar. Nos preguntamos por qué, pero es porque saltamos fuera del agua en la que estamos destinados a permanecer sumergidos. Las personas en la orilla parecen que se están divirtiendo, pero todos ellos están buscando desesperadamente el aire también.

Entonces, cuando estamos casi muertos, nos lanzamos de nuevo al agua y nos arrepentimos: "Jesús, ¡perdónanos! Llénanos con tu vida. Llénanos con tu amor otra vez". Le decimos: "Es tan hermoso; él me ha perdonado". Pero después de un tiempo nos olvidamos de la miseria que hay en la orilla y la anhelamos de nuevo. Así que nos lanzamos otra vez fuera del agua pensando que nos divertiremos por un rato, hasta que nos encontramos luchando por respirar de nuevo y saltando de regreso al agua.

Toda nuestra vida se gasta entrando y saliendo del agua una y otra vez. ¡Realmente es una insensatez! Piense en ello. Una ballena varada es tan antinatural que un seguidor de Cristo tratando de vivir de acuerdo a las reglas del mundo. Por eso es que es el momento de saltar mar adentro y nunca salir.

Esto es lo que Dios demanda. Esta es la forma de vivir más natural para nosotros: sumergirnos en las profundidades de Dios, darnos cuenta de que es donde nacimos para vivir, respirar su presencia y su amor, y aprender a crecer en su reino, con Él en el centro de todo lo que hagamos. Fuimos creados para funcionar en un sistema completamente diferente del mundo, porque no somos del mundo. Nos ha tocado vivir en él por ahora.

Aprender a crecer sumergidos en el amor de Dios es la clave para ser resistente.

VUÉLVASE RESISTENTE

- No fuimos creados para ser independientes. Fuimos creados para ser tan dependientes de Dios como los niños pequeños lo son de sus padres.
- Los síntomas reveladores de inseguridad afloran cuando no estamos seguros de que Dios nos ama, pero su amor es más que suficiente para mantenernos seguros. Todo lo que necesitamos es darnos cuenta de lo mucho que él nos ama.
- Dios anhela que saltemos al océano de su amor y permanezcamos allí. La vida en la tierra no es tan buena como parece.

Señor, estoy muy agradecido por ser tu hijo, por ser totalmente dependiente y estar humillado lo suficiente como para ver y entender tu reino. ¡Gracias por amarme como lo haces! Muéstrame las profundidades de tu amor. Ayúdame a ver no sólo que soy amado, sino también lo mucho que lo soy. Decido sumergirme en el océano de tu amor y quedarme allí. Lléname tan plenamente de tu presencia que el amor se derrame sobre todos los que conozca, para que sepan que tú los amas también, en el nombre de Jesús. Amén.

Capítulo 10

PLENAMENTE VIVOS

CAMINANDO A TRAVÉS de una tienda como Hobby Lobby, usted encontrará una gran variedad de enredaderas y plantas que lucen extraordinariamente reales. Solo observe las dos plantas en la fotografía y vea si puede identificar cuál es la real y cuál es la imitación.

Puede ser difícil discernir.[1] Cuando hago este ejercicio frente a multitudes y en las iglesias, las respuestas suelen ser por lo menos cincuenta a cincuenta. Pero eso significa que más de la mitad de las personas creen que la planta falsa es la real.

A menudo, *es* difícil saber la diferencia entre el objeto real y el falso. Por ejemplo, los que forjan cuadros saben que mientras mejores imitadores sean más dinero pueden hacer de manera ilegal.

A veces puede ser difícil saber la diferencia entre un verdadero seguidor de Cristo y uno falso, porque en apariencia se ven muy similares. Eso es muy parecido al caso de estas plantas; unas lucen vivas y otras *están* realmente vivas. La pregunta es: ¿cómo puede usted saber cuándo algo está plenamente vivo?

Hubo un caso de una niña de trece años de edad en California que fue a que le sacaran las amígdalas. Trágicamente, la niña salió de esa operación simple con muerte cerebral. Su madre se negó a quitarle el aparato de vida artificial; en lugar de eso fue a la corte y logró que transfiricran a su hija a otro hospital. El argumento en la prensa era: "¿Está viva o no? ¿Tener muerte cerebral significa que está realmente muerta?".[2]

Así como este caso hizo que la gente pensara acerca de lo que significa estar físicamente vivo, creo que cada aspirante a discípulo de Cristo debe pensar cuidadosamente acerca de lo que significa estar espiritualmente vivos. Deberíamos preguntarnos: "¿Estoy vivo o estoy fingiendo que lo estoy? ¿Estoy plenamente vivo en Cristo? ¿Estoy haciendo las cosas que una persona verdaderamente viva haría? ¿Está mi corazón estallando con la vida de Dios o soy como una réplica plástica de algo vivo?"

Curiosamente Jesús trajo esa pregunta a colación en el Evangelio de Mateo:

> Sucedió que un hombre se acercó a Jesús y le preguntó:
> —Maestro, ¿qué de bueno tengo que hacer para obtener la vida eterna?
> —¿Por qué me preguntas sobre lo que es bueno? —respondió Jesús—. Solamente hay uno que es bueno. Si quieres entrar en la vida, obedece los mandamientos.
> —¿Cuáles? —preguntó el hombre.
> Contestó Jesús:
> —No mates, no cometas adulterio, no robes, no presentes falso testimonio, honra a tu padre y a tu madre, y ama a tu prójimo como a ti mismo.
> —Todos ésos los he cumplido —dijo el joven—. ¿Qué más me falta?

—Si quieres ser perfecto, anda, vende lo que tienes y dáselo a los pobres, y tendrás tesoro en el cielo. Luego ven y sígueme. Cuando el joven oyó esto, se fue triste porque tenía muchas riquezas.

—Mateo 19:16-22

Tenga cuidado cuando le hace una pregunta a Jesús porque, muchas veces, le responde con la respuesta a una pregunta diferente y hace que piense acerca de algo que usted no esperaba. Ese hombre estaba haciendo una pregunta sobre la cual muchas personas discuten en la actualidad, tanto en el cristianismo como en otras religiones: "¿Cómo puedo ir al cielo? ¿Cómo tengo la vida eterna?".

Jesús reformuló la pregunta. Él básicamente dijo: "¿Por qué estás sólo pensando en lo que sucede después de que mueras?". Él dijo: "*Si quieres entrar en la vida…*". En otras palabras: "¿Por qué estás esperando hasta tu muerte para encontrar la vida eterna?". Obligó al hombre a considerar si estaba vivo o simplemente existía.

Sólo porque exista y esté en este planeta, no significa que está vivo o lleno de vida como Dios manda. La respuesta de Jesús hizo que el hombre mirara dentro de sí mismo y dijera: "Yo sé que estoy aquí, pero ¿estoy vivo? ¿He entrado realmente en la vida?".

Jesús dijo: "Si quieres entrar en la vida", como si el joven no estuviera vivo todavía. Jesús le preguntó: "¿Por qué estás pensando en la vida eterna cuando no estás vivo en este momento?".

Mucha gente habla de cómo llegar al cielo. Hacen ver como si todo el movimiento cristiano solo tiene que ver con lo que sucede cuando uno muere. La inquietud de Jesús es que estemos vivos ahora. *La mejor prueba de la vida eterna es estar completamente vivos en estos momentos.*

Hacer de gente muerta gente viva

Muy a menudo se habla acerca de todas las cosas malas que hacemos y de cómo podemos ser perdonados. Todo eso es importante; sin embargo, el punto es que *Jesús no vino a cambiar personas malas en personas buenas; vino a cambiar personas muertas en personas vivas.*

Plenamente vivos

El hecho es que desde Génesis capítulo 2, toda la humanidad ha "nacido muerta". Dios les dijo a Adán y Eva: "El día que de [el árbol] comas, ciertamente morirás" (ver Génesis 2:17). Así que pensamos: "Bueno, Adán y Eva no murieron en ese mismo momento; murieron más tarde". Pero si usted se fijara en la realidad de la situación, vería que murieron en el momento en que fueron separados de Dios. Ellos existieron después de eso, pero no estaban plenamente vivos, como Dios lo planeó.

Cuando usted está separado de Dios, tiene la ilusión de la vida sin la experiencia de estar plenamente vivo. Sólo porque respire no significa que está vivo. Es asombroso pensar que usted podría tener pulso y todavía estar muerto, pero eso es lo que ocurrió en la Caída. Adán y Eva murieron el mismo momento en que comieron del árbol prohibido. La evidencia de su muerte no apareció de inmediato. Continuaron existiendo. Eran como la planta de plástico que parece viva pero está muerta en el interior.

Casi al instante después de haber pecado, Adán y Eva se cubrieron con hojas de higuera. Sabían que algo estaba mal. Ambos pensaron: "Tengo que cubrir mi vergüenza. Tengo que hacer algo para distraerme de mi falta de vida". Experimentaron la muerte de la separación de Dios de inmediato.

> Jesús no vino a cambiar personas malas en personas buenas; vino a cambiar personas muertas en personas vivas.

Parece que gran parte de nuestra actividad hoy tiene que ver con pretender que no hay nada malo con no tener a Dios en nuestras vidas. Estamos tratando de alegrar nuestras vidas de plástico para hacerlas lucir tan bien como nos sea posible. Después de todo, si vamos a tener una imitación de vida, vamos a hacerla tan bien como podamos, ¿verdad? Así que escuchamos los consejos del mundo. El mundo nos dice que comamos esto, veamos aquello, fumemos esto, bebamos aquello, aspiremos esto, durmamos con él, durmamos con ella, prometiendo una y otra vez que esas cosas nos darán vida. Pero siempre, nos dan muerte.

Es como si estuviéramos comiendo dulces envenenados. Seguimos tratando nuevas versiones de dulces, pero cada uno tiene su propio veneno; cada uno tiene una forma diferente de distraernos para que obviemos que estamos muertos. Esta muerte entró en la raza humana cuando Adán y Eva pecaron por primera vez. Sigue siendo un misterio, porque pensamos que estamos vivos, pero estamos en la misma búsqueda que estaban Adán y Eva, tratando en todas direcciones para experimentar la vida al máximo. Podríamos intentar la aventura o la búsqueda de emociones, de dinero o una gran variedad de relaciones románticas, pero ninguna de esas cosas puede hacernos plenamente vivos.

Segunda de Tesalonicenses 2:7 lo llama el "misterio de la iniquidad" o el misterio de la maldad. Sabemos que hemos nacido en pecado. Somos concebidos en pecado como dice el salmista (Salmos 51:5). Esta palabra iniquidad habla de un deseo torcido por el mal y el pecado. La iniquidad obra dentro de nosotros y nos hace anhelar cosas que son dañinas. El misterio de la iniquidad es lo que nos hace pensar que estamos vivos, aun cuando nos esté matando.

La voz dice: "Sólo sigue intentando esto. Continúa haciendo aquello" y, con demasiada frecuencia, ¡lo hacemos! Pero si alguien nos ofreciera veneno para ratas, no lo beberíamos y esperaríamos que todo estuviera bien. Por supuesto, el enemigo disfraza su veneno con todo tipo de azúcares y especias. Su veneno parece bueno, incluso mientras nos está matando. El engaño del pecado y la iniquidad dice: "Come esto; te reconfortará. Ve esto y serás entretenido. Fuma esto y anda por las nubes. Bebe esto para tranquilizarte. Haz esta otra cosa y sé feliz".

Todos son trucos que nos distraen del hecho de que la muerte está al acecho en el interior de nosotros. Las distracciones prometen vida, pero te llevan a la muerte. En el mejor de los casos, nos distraen del hecho de que ya estamos muertos y separados de Dios.

Jesús vino a vencer a la muerte, al infierno y al sepulcro. (Oseas 13:14). No sólo vino a conquistar la muerte física; vino a conquistar la muerte que estamos llevando a nuestro alrededor, esa cosa llamada iniquidad que se mantiene acechando adentro. Él vino a darnos vida y vida en abundancia, como nos dice Juan 10:10. Jesús vino para hacer vivas a las personas muertas.

HOMBRES MUERTOS CAMINANDO

La mayoría de las personas son individuos muertos que caminan, como prisioneros condenados a muerte. Cuando una persona es condenada a muerte y ha estado en el corredor de la muerte por varios años, llega un día en que se dirige a la cámara de la muerte. Mientras el prisionero camina por el pasillo, los guardias gritarán: "Hombre muerto caminando". Por desgracia, eso es lo que la mayoría de la humanidad es: hombres muertos caminando. Ellos están tratando de encontrar una imitación de la vida que los distraiga de la realidad de que están muertos.

Dios está tratando de impedir que vivamos como zombies en esta tierra. *Estamos más plenamente vivos cuando mantenemos comunión con él.* Estamos más vivos cuando estamos sometidos, cuando somos dependientes y cuando estamos conectados. Es por eso que Dios no quiere que pequemos. Es por eso que Jesús nos enseñó a orar: "Venga tu reino. Hágase tu voluntad" (Mateo 6:10), porque cuando nuestras vidas están libres de pecado y de enredo, estamos más plenamente vivos.

Cuando consagramos nuestras vidas a Cristo, él da vida a nuestros corazones muertos. Por tanto, en un mundo lleno de gente que camina muerta, nosotros estamos plenamente vivos. Como seguidores de Cristo debemos ser la cosa más viva que nuestros amigos, vecinos y compañeros de trabajo hayan visto. Cuando entramos en un salón, debería ser como si la vida estallara en ese lugar. ¿Por qué? Porque estábamos muertos, pero ahora estamos vivos. Estábamos perdidos, pero ahora somos hallados.

Pablo explicó el problema de la muerte en Romanos 8:13, donde dijo: "Si pecas, morirás". Él no estaba hablando sólo de la ley del pecado y de la muerte (si pecas te vas a morir e ir al infierno). Estaba diciendo que cuando usted participa en el pecado, la muerte que ha estado tratando de dejar atrás lo rebasa, y usted comienza a simplemente existir.

Parece que este es el problema con muchos que se llaman a sí mismos seguidores de Cristo. Han tenido encuentros genuinos con Cristo, en los cuales sus corazones vienen a estar completamente vivos. Pero entonces empiezan a probar un poco de pecado aquí y un poco allá, y después de un tiempo algo se apaga.

Cuando eso sucede, nos convertimos en algo como bombillas sin electricidad. Lucimos igual, pero no hay luz irradiando de nosotros. Nos seguimos sosteniendo a nosotros mismos diciendo: "¡Sigo siendo una bombilla; sigo siendo una bombilla!" Pero no hay luz brillante. Por eso es que tantos cristianos que dicen que están vivos todavía se sienten muertos. Van a la iglesia. Cumplen con las formalidades. Hubo un tiempo en que *estaban* completamente vivos, pero ahora tienen la sensación de que les falta vida o una falta de auténtica relación.

Jesús dijo que oráramos todos los días: "Venga tu reino. Hágase tu voluntad". En otras palabras, estamos diciendo: "No quiero que la iniquidad reine en mí. Quiero tu reino y tu señorío imperen en mí. Quiero estar totalmente sometido, dependiente y conectado a ti". Madurez es, entonces, permanecer plenamente vivos durante períodos cada vez más largos sin que la iniquidad nos domine.

Molido por nuestra iniquidad

Este misterio de la iniquidad todavía acecha dentro de nosotros. Jesús vino a tratar con el retorcido anhelo por el pecado. Es más, si nos fijamos en Isaías 53, dice que él fue traspasado por nuestras rebeliones y molido por nuestras iniquidades. Cuando pensamos en cómo Jesús fue golpeado brutalmente, azotado y torturado, nos damos cuenta de que soportó todo y derramó su sangre física para que pudiéramos ser perdonados de nuestras transgresiones, nuestros pecados, las cosas que hacemos exteriormente.

Pero Jesús no vino solo para perdonarnos por las cosas que hacemos. Vino a tratar con la raíz del problema, que es la iniquidad.

La raíz es la que nos lleva a querer hacer cosas malas en primer lugar. Es la que nos incita a crear lo malo. La raíz es la iniquidad. La profecía de Isaías dice que él fue molido por nuestras iniquidades (Isaías 53:5). Cuando a usted le sale un moretón, el área a menudo se le hincha. Puede comenzar con rojo y luego se torna morado porque, en esencia, un hematoma es sangramiento interno. Jesús fue golpeado externamente y sangró externamente para perdonarnos de nuestros pecados externos. Pero fue molido internamente y sangró internamente para hacer frente a nuestra humana naturaleza interna, las maneras internas que necesitan ser redimidas.

Él se ocupó de nuestra iniquidad. Así que con cada golpe del látigo —de nueve colas y trozos de vidrio y hueso en los extremos de las hebras—, le arrancaron la piel. Pero eso no fue todo. También tenía bolas de plomo entretejidas en el látigo. Golpearon su torso, sus brazos y sus piernas una y otra vez. Cada vez que las bolas de plomo lo golpeaban, él era molido de nuevo para hacer frente a nuestra iniquidad y para liberarnos de la muerte que acechaba dentro de nosotros. Lo hizo para que pudiéramos estar plenamente vivos, no sólo perdonados por lo que hicimos, sino también liberados de la raíz que nos hizo anhelar el pecado en primer lugar. Esa raíz se llama *iniquidad*.

Jesús no sólo fue golpeado, apaleado y torturado. Muchos han soportado eso por todo tipo de razones. Jesús colgó en la cruz por seis horas, e Isaías dijo que el Señor hizo recaer sobre él la iniquidad de todos nosotros (ver Isaías 53:6). En medio de todo lo que sufrió como parte de su sentencia de muerte, Dios hizo recaer sobre él la iniquidad de todos los seres humanos, la cosa que nos hacía que anheláramos el mal, incluyendo los malos pensamientos que nos son tan vergonzosos y que nunca le diríamos a nadie. Incluye eso que estaba dentro de Hitler y Stalin, lo que hizo que quisieran matar a millones de personas. Es eso que hay dentro de los capos de la droga que hace que quieran vender sustancias malas a los niños. Es eso dentro de un hombre trastornado que secuestra chicas adolescentes, las llena de drogas y las vende a la prostitución.

¿Qué podría causar todo eso? Se llama *iniquidad*.

Dios puso sobre Jesús toda nuestra iniquidad. En ese momento experimentó algo que usted y yo hemos vivido pero que Él nunca experimentó antes, esa cosa tan mala que levantó un muro entre Dios y nosotros. Sabemos que Él ya lo sabe, pero estamos demasiado avergonzados para hablar con Él al respecto. Sin embargo, sentimos el muro entre Dios y nosotros. Sabemos que está ahí.

Jesús experimentó eso por primera vez cuando la iniquidad fue puesto sobre él, cuando exclamó: "¡Dios mío, Dios mío! ¿Por qué me has desamparado?" (Mateo 27:46; Salmos 22:1). Él sintió ese muro por primera vez. Experimentó la muerte en ese momento, la separación de Dios en favor nuestro.

El punto es el siguiente: A medida que rendimos diariamente nuestros corazones, nuestras vidas y la propensión a la maldad de la que somos redimidos, necesitamos recordar *rendirnos* constantemente. Allí es cuando tenemos el mayor potencial para vivir de manera plenamente viva en Cristo.

Vuélvase resistente

- Tenemos que evaluarnos nosotros mismos y preguntarnos: "¿Estoy vivo o solo estoy fingiendo que lo estoy? ¿Estoy haciendo las cosas que una persona realmente viva haría? ¿Está mi corazón repleto de la vida de Dios?".

- Jesús nos invita a entrar en la vida ahora en lugar de esperar para disfrutar de la vida eterna después de la muerte.

- El mundo ofrece distracciones para apartar nuestras mentes de nuestra "falta de vida", pero si permanecemos en comunión con Dios, encontraremos sanidad y vida.

- Jesús pagó el precio aun por la iniquidad que impulsa nuestro pecado. Nuestra parte es entregarnos a él.

Señor, no estoy satisfecho con "lucir vivo"; quiero vivir plenamente vivo en ti. Por favor, revela todos los lugares muertos y la iniquidad que levanta muros entre nosotros. Encomiendo todo eso a ti, entregándome y abrazando la vida que fue comprada para mí, en el nombre de Jesús. Amén.

Capítulo 11

LA FE *SÓLO SI* VS. LA FE *INCLUSO SI*

Hay dos lados de la fe. La fe a la que Jesús nos corteja es mucho más profunda que el sistema de creencia fácil que dice: "Creo en Cristo", pero realmente no lo sigue. Es más que creer en fórmulas místicas que satisfagan cada capricho nuestro y suavicen cada momento difícil. La fe a la que Jesús nos invita a vivir es una travesía que incluye momentos difíciles y decisiones arduas.

Esta última es la fe registrada en Daniel capítulo 3, donde encontramos la famosa historia de Sadrac, Mesac y Abed-nego. Aunque vivían en la Babilonia pagana, una nación que adoraba diversos dioses, esos jóvenes hebreos amaban al Dios vivo; por lo que se negaron a dejar su fe en él. El rey de Babilonia era Nabucodonosor, que había construido una estatua de oro de sí mismo y ordenado a todos que se inclinaran y le rindieran homenaje al oír el son de cierta música. Por supuesto, Sadrac, Mesac y Abed-nego se negaron a honrar a un ídolo de cualquier dios u hombre, sin importar las consecuencias.

Y las consecuencias eran terribles. Los jóvenes hebreos fueron llevados delante de Nabucodonosor, que les ofreció una última oportunidad para inclinarse cuando la música sonara. Les advirtió que si no lo hacían calentaría un horno siete veces más de lo habitual y haría que fueran arrojados en él. En ese punto se podría pensar que Sadrac, Mesac y Abed-nego habrían sido intimidados, pero a pesar de la amenaza del rey, se mantuvieron firmes. Su respuesta debe hacer que aun el más débil de corazón se levante con valor:

Sadrac, Mesac y Abed-nego le respondieron a Nabucodonosor:
—¡No hace falta que nos defendamos ante Su Majestad! Si se nos arroja al horno en llamas, el Dios al que servimos puede

*La fe **sólo si** vs. La fe **incluso si***

librarnos del horno y de las manos de Su Majestad. Pero aun si nuestro Dios no lo hace así, sepa usted que no honraremos a sus dioses ni adoraremos a su estatua.

—Daniel 3:16-18

La fe es como una moneda con dos caras. En el versículo 17 vemos un lado de la fe. Sadrac, Mesac y Abed-nego tenían confianza y estaban absolutamente decididos. Ellos sabían que Dios era capaz y podía liberarlos. Muy a menudo, cuando los cristianos oran, vacilan entre creencias opuestas. Dicen:

"Bueno, sé que Dios me puede curar, pero no estoy seguro de que quiera".

"Dios es capaz de reconstruir mi matrimonio de nuevo, pero no estoy seguro de que lo quiera".

"Yo sé que Dios puede alcanzar a mis hijos, pero no estoy seguro de que quiera".

Los jóvenes hebreos no tuvieron tales dudas. Ellos dijeron: "Dios es poderoso, y él nos librará". Hablaron con los hombros hacia atrás, sus barbillas en alto, sabiendo que Dios estaba de su lado. Este es el tipo de confianza que debemos tener. Este lado de la fe dice: "Dios puede y me va a liberar". Cuando acudimos a Dios en oración por una necesidad económica, una necesidad de sanidad, un asunto relacional, o en nombre de las naciones, debemos orar y pedir sin dudar. "Y como sabemos que él nos oye cuando le hacemos nuestras peticiones, también sabemos que nos dará lo que le pedimos" (1 Juan 5:15, NTV).

"Creo, pero sólo si..."

Este lado de la fe se apoya en el carácter de Dios. Sabemos quién es Él. Sabemos lo que dice su Palabra. Sabemos que Él quiere sanar, guardar y liberar. El reto con este lado de la fe es que a menudo le añadimos un susurro a ella, un pensamiento que probablemente nunca digamos en voz alta. Sólo lo vivimos. Ese susurro suena algo como esto: "Dios puede y va a responder a mi oración. *Y siempre y cuando él lo haga*, continuaré siguiéndolo".

Como ya he dicho, nosotros nunca decimos esto, pero se nota en la forma en que actuamos. Oramos por algo, esperando completamente que suceda. Pero si de alguna manera la oración no es contestada en la forma en que queríamos o cuando queríamos que fuera, nos convertimos en víctimas de la fe que hace "sentirse bien". Nuestra resiliencia se desmorona. Se nos succiona la vida.

Lo que pensábamos que era fuerza y confianza era en realidad una fe condicional. Conscientemente o no, le decimos a Dios: "Te seguiré, pero sólo si se cumplen ciertas condiciones...

"*Sólo si* mis oraciones son contestadas...

"*Sólo si* me siento bien...

"*Sólo si* no me enfrento muchos retos...

"*Sólo si* todo es maravilloso..."

Es como si estuviéramos cantando una modalidad de la canción de James Brown: "Me siento bien, como debería sentirse el cristiano (*y mientras me siga sintiendo bien, voy a seguir actuando como debe actuar el cristiano*)".

Jesús encontró mucha gente con esa actitud. Uno dijo: "Te seguiré, Señor; pero primero déjame despedirme de mi familia" (Lucas 9:61). "Otro discípulo le pidió: 'Señor, primero déjame ir a enterrar a mi padre'" (Mateo 8:21).

Suenan como solicitudes razonables. ¿Por qué no iba a dejar Jesús que una persona le dijera adiós a sus seres queridos o que enterrara a su padre? En el primer ejemplo, Jesús dijo: "Nadie que mire atrás después de poner la mano en el arado es apto para el reino de Dios" (Lucas 9:62). En el segundo, dijo: "Sígueme... y deja que los muertos entierren a sus muertos" (Mateo 8:22).

Jesús no estaba siendo insensible. Estaba tratando de comunicar que los que están muertos espiritualmente deben cuidar de las cosas carnales y los que optan por estar vivos espiritualmente deben simplemente seguirlo. Eso es lo que significa poner su mano en el arado y no volver atrás. En otras palabras, Jesús dijo: "Si usted

*La fe **sólo si** vs. La fe **incluso si***

está luchando con esto, si está encontrando "buenas razones" para tener dudas, no está listo para venir. Si le parece que hay una buena razón para no darlo todo y seguirme con todo su corazón, *entonces no entiende quién le ha invitado a seguirlo*".

Muy a menudo convertimos nuestra fe en la provisión de Dios en una extraña. Historia, como las de Santa Claus. Somos como el niño que se sienta en el regazo de Santa Claus y ruega por determinados juguetes, pero se muestra decepcionado cuando llega la mañana de Navidad y no recibe todo lo que quiere. Sea que lo hagamos sutil o francamente, hacemos tratos con Dios. Oramos: "Señor, si me sacas de este problema de tránsito, iré de misionero a África". O: "Señor, si sanas a tía Susana, voy a entrar en el ministerio y te seguiré con todo mi corazón". Aunque salgamos bien del problema de tránsito o se sane la tía Susana, seguimos con la vida y olvidamos nuestra promesa.

Aun en pequeñas formas como esas, estamos poniendo condiciones a nuestro seguir a Cristo. Cuando Dios satisface nuestras condiciones, prometemos seguirle a él; cuando no responde cuándo y cómo queremos que lo haga, nuestra pasión se desvanece. Nos volvemos menos fervientes en nuestra búsqueda de él. Poco a poco nos enrumbamos a la deriva y la resiliencia se desvanece.

Es este seguimiento condicional de Cristo la verdadera cuestión. Si el seguirlo se basa en nuestras condiciones, ¿qué vamos a hacer cuando nos enfrentemos a una verdadera crisis? ¿Qué pasa cuando nuestra oración no es respondida al instante? ¿Y si empezamos con una premisa diferente? ¿Y si la premisa de nuestra fe es que *Dios es el dueño legítimo del universo y el verdadero propietario de nuestras vidas*?

Con ese tipo de fundamento en su sitio podríamos orar con confianza, sabiendo que él es un Dios bueno que quiere sanar, liberar o responder a nuestras oraciones. Estaríamos satisfechos al saber que cuándo y cómo conteste Él nuestras oraciones depende de Él y no de nosotros. Nosotros nos pondríamos de pie, cualquiera que sea el desafío. Eso nos lleva a la otra cara de la moneda.

Yo seguiré *incluso si*...

Los tres jóvenes hebreos de Daniel capítulo 3 hicieron una declaración clave durante su juicio. Dijeron que nuestro Dios "puede librarnos del horno y de las manos de Su Majestad. Pero *aun si* nuestro Dios no lo hace así, sepa usted que no honraremos a sus dioses ni adoraremos a su estatua" (v. 18). Lo que sucedió aquí me asombra. Ellos caminaron por el fuego con una fe del tipo "incluso si"; *incluso si* todo se derrumba, incluso si terminaban en el horno de fuego, e incluso si no entendían, ellos no se inclinarían.

Algunos pudieran decir que los jóvenes dudaban de Dios, porque en una oración afirman que Dios los librará, y en la siguiente dicen: "Pero aun si nuestro Dios no lo hace así..." No estoy de acuerdo. Sus palabras no mostraron duda. *Su fe dejaba espacio al misterio de Dios.* Ellos sabían que ningún ser humano podía entender todo acerca de Dios; sin embargo, estaban confiados en que Dios podía librarlos, y no importaba lo que optara por hacer, la fe de ellos en él no vacilaría. Ellos debieron haber pensado: "Si por alguna razón terminamos muriendo en el horno y yendo al cielo, no va a ser un mal negocio".

> Si el seguir a Cristo se basa en nuestras condiciones, ¿qué vamos a hacer cuando nos enfrentemos a una verdadera crisis? ¿Qué pasa cuando nuestra oración no es respondida al instante?

Esto puede ocurrir *incluso si* la fe es valiente. Ese ha sido el legado de los seguidores de Cristo desde el principio. *Incluso si* la fe nos permite admitir que no sabemos (y no tenemos que saber) todo. Seguro que a nosotros nos gustaría tener una fórmula para todo que sucede en la vida. Nos gustaría que todas las circunstancias vinieran con una explicación; pero esas son las condiciones. *Incluso si* la fe remueve todas las condiciones. Ella dice: "Yo voy a seguirle no importa que. *Incluso si* la persona por la que estoy orando no es sanada, o no es sanada al instante, voy a seguirlo. *Incluso si* algo trágico sucede que moleste mi teología, voy a seguirlo".

La fe *sólo si* vs. La fe *incluso si*

Eso es lo que sucedió cuando Hannah se estrelló en el avión y cuatro jóvenes fueron al cielo. Se estremeció mi teología. La vida nos golpeó a mí y a mi familia directo, en medio de los ojos. La evidencia de nuestro mundo caído irrumpió estruendosamente en nuestro entorno. Nosotros no éramos los primeros seguidores de Cristo que tuvieran una experiencia así, ni seremos los últimos. En aquellos días atroces necesitábamos la actitud que dice: "*Incluso si* no entendemos lo que ha sucedido, vamos a seguirte".

Primera de Corintios 13:12 dice: "Ahora vemos por espejo, oscuramente; mas entonces veremos cara a cara. Ahora conozco en parte; pero entonces conoceré como fui conocido" (RVR1960). En otras palabras, entendemos muchas cosas, pero no están del todo claras. Sabemos mucho acerca del Señor, pero no lo sabemos todo. Nos gustaría desmitificar el Dios a quien seguimos, pero no podemos. Él es el Dios del universo, el Creador de todo lo que es bueno; Él hizo los cielos y la tierra, y nos rescató al enviar a su Hijo. Nos puede gustar saber todo lo que está en su corazón y en su mente, pero simplemente no lo sabemos.

La fe *sólo si* es contraria a la fe *incluso si*. Esta dice: "Incluso si hay circunstancias que no me gusten, voy a seguir. Incluso si alguien que admiro profundamente me decepciona, voy a seguir. Incluso si un pastor o líder hace algo horrible, voy a seguir a Dios. Incluso si la persona que me llevó al Señor se aleja de Cristo, voy a seguirlo. Incluso si el ser querido por el que estoy orando no es sanado, Dios ya ha sido tan bueno para mí que todavía así voy a seguirle. Incluso si nunca recibo otra respuesta a la oración por la resto de mi vida, voy a seguir al Dios que ya ha respondido de muchas maneras a mis oraciones. Todavía estoy en el extremo receptor de esta relación, y todavía voy a seguirlo".

Resistentes de la vida real: Zhou Liang

Cuando un estudio bíblico para jóvenes adultos fue allanado por las autoridades de Shandong, China, los creyentes fueron puestos bajo custodia, y muchas de sus familias pagaron para que los soltaran. Las autoridades prohibieron las actividades de la iglesia, pero el pastor informó que las restricciones tuvieron el efecto opuesto: los nuevos creyentes se unieron a sus filas.

"'¿Creen que la iglesia está prohibida simplemente porque ellos la prohíben?'", dijo Zhou. "¿Quién puede combatir la voluntad de Dios? Ellos dijeron que prohibían la iglesia, pero no pudieron hacerlo. Ahora, tenemos más gente que antes".[1]

Estos creyentes no serían detenidos. Decidieron adorar al Creador del universo, incluso si el poder masivo del gobierno chino presionara contra ellos.

FE QUE NO SE DOBLEGA

Recuerdo haber visitado a Oral Roberts en su casa de California antes de que él partiera con Cristo. Mientras hablábamos sobre este tema de la fe, al principio me sorprendí mucho cuando levantó su mano derecha y dijo: "Ron, he orado por millones de personas con esta mano. En esas líneas telefónicas de oración, en esas carpas, he impuesto mis manos sobre literalmente millones de personas, muchas fueron sanadas, pero hubo muchas más que no lo fueron. Veíamos sanidades dramáticas, personas cuyas piernas no funcionaban en absoluto se ponían en pie y caminaban. Pero hubo muchas más que no parecieron tener ninguna manifestación de sanidad".

Oral continuó: "Ron, no sé por qué. Yo tenía todavía el mismo sentimiento de fe, la misma sensación de hormigueo en la mano, la misma confianza mientras oraba por esas personas. No entiendo por qué. Pero eso no quería decir que dejaría de orar por los

*La fe **sólo si** vs. La fe **incluso si***

enfermos, porque sé que Dios quiere sanar a los enfermos. Así que seguía imponiendo mis manos sobre los demás".

Mientras lo escuchaba pensé: "Este es el tipo de confianza que debemos tener en nuestro Dios".

Al igual que Oral Roberts, nosotros sabemos cuál es la voluntad de Dios, por lo que oramos en consecuencia; pero no dejamos que los resultados nos afecten. No dejamos que determinen si podemos o no seguir adelante, porque si lo hiciéramos, estaríamos poniendo condiciones a nuestro Dios. La fe *incluso si* es la que Jesús tenía destinada para nosotros desde el principio. Es el único tipo de fe que sobrelleva nuestras pruebas. Es fuerte porque elige poner la confianza en el carácter de Dios, incluso cuando no entendemos nuestras circunstancias. Esa fe dice: "Yo sé que él es bueno, incluso cuando no me siento bien".

Las luchas *vendrán*. Todo el mundo conoce a alguien que ha muerto prematuramente. Hay demasiadas personas que han sufrido accidentes horribles que las han dejado mutiladas de por vida. Cuando ese tipo de cosas suceden, hacemos la pregunta casi inevitable: "¿Por qué?".

A través de todos los meses de recuperación de Hannah—las operaciones, la terapia física y el ajuste a su nuevo mundo—la pregunta que persistía era: *¿Por qué?* ¿Por qué permitiría Dios tal tragedia, aparentemente sin sentido? ¿Por qué permitiría que esos cuatro hombres jóvenes, que le servían con pasión, murieran? ¿Por qué permitiría que mi hija pasara por ese dolor físico, emocional y mental? ¿Por qué le pasan cosas malas a la gente buena?

Cuando Katie y yo nos encontrábamos en medio de la tragedia, no podíamos responder a la pregunta *por qué*. Sabíamos que debíamos enfocarnos en lo que conocíamos más que en lo que no sabíamos o no podíamos saber. Y sabíamos que Jesús nos amaba. Que él vino y dio su vida por nosotros. Que resucitó. Sabíamos que iba a volver por nosotros y que íbamos a estar con Él por siempre y para siempre.

En lugar de enfocarnos en las preguntas que no podíamos responder, en vez de enfocarnos en explicar lo inexplicable, nos centramos en la bondad de Dios. Todo lo demás lo dejamos en sus manos. Decidimos que estaba bien que no tuviéramos todas las respuestas. Y de alguna manera, centrarnos en lo que sabíamos alivió el dolor persistente de lo que no sabíamos.

Mucha gente va a tratar de ofrecer explicaciones acerca de por qué les suceden cosas malas a las personas piadosas, y muy frecuentemente tienen buenas intenciones y buena teología. Entiendo el querer desesperadamente encontrar lo bueno en las situaciones terribles. Pero sé que hay mucha gente que experimentan la tragedia y quizás nunca puedan entender por qué. Aun así, se mantienen firmes en su fe. Así debemos hacerlo nosotros.

Jesús nos ha invitado a seguirle con todo nuestro corazón, alma, mente y fuerza. Nos pide que confiemos en él, aun cuando no entendamos. Nos insta a tener tanta confianza en él que aun cuando la vida parezca girar sin control—incluso si terminamos en un horno siete veces más caliente que cualquier cosa que hayamos experimentado—nosotros no nos vamos a inclinar. No vamos a cambiar nuestro comportamiento. No vamos a dejar de seguir al Único que es digno de todo lo que tenemos y todo lo que somos. Por su gracia, elegimos la fe *incluso si*.

Vuélvase resistente

- La fe *sólo si* es condicional. Dice: "Dios puede y contestará mi oración. *Y siempre y cuando lo haga*, continuaré siguiéndolo".

- La fe *incluso si* dice: "Incluso si no lo entiendo, incluso si hay circunstancias que no me gusten, voy a seguirte".

- Dios quiere que pongamos nuestra confianza en su carácter, incluso cuando no entendamos nuestras circunstancias.

La fe *sólo si* vs. La fe *incluso si*

Señor, me arrepiento de todas las veces que he puesto condiciones a mi fe en ti. Pongo mi confianza en tu carácter, y confiaré en ti sea que mis circunstancias tengan sentido para mí o no. No voy a seguirte sólo cuando las cosas sean maravillosas o si respondes a mis oraciones de la manera que quiero. Como Sadrac, Mesac y Abed-nego, decido caminar en la fe "incluso si". Me sienta bien o no, no voy a dejar de seguirte. Me mantendré firme, porque tú has sido tan bueno conmigo. Tú mereces mi completa devoción, en el nombre de Jesús. Amén.

Capítulo 12

UN NUEVO TIPO DE RELACIÓN

Normalmente no pensamos mucho ni muy profundamente sobre las clases de relaciones que tenemos con la gente. Si esperamos ser resistentes en tiempos de problemas y crecer en nuestro caminar con Dios, tenemos que saber que la naturaleza de la relación que Dios quiere tener con nosotros es fundamentalmente diferente de cualquiera que pudiéramos concebir sin él.

Con Dios, se trata de pacto. Pero debido a que la palabra pacto es utilizada muy rara vez y a menudo es malentendida en nuestra cultura, necesitamos aprender más, hasta que entendamos el tipo de relación que Él desea y cuán diferente es de todas las demás. Conocer estas cosas establecerá un fundamento en nuestra vida para tener una fortaleza duradera en Cristo.

Tipos de relaciones

Tenemos todo tipo de relaciones en nuestras vidas, pero las nuestras se reducen a un puñado. Echemos un vistazo a lo que son y cómo funcionan.

Relaciones convenientes

La mayoría de las relaciones modernas nacen de la conveniencia. A menudo, ellas involucran a la gente cercana a nosotros: alguien que se sienta al lado nuestro en la clase de matemáticas o trabaja en el cubículo contiguo o comparte la banca con nosotros en la iglesia. Vamos a almorzar con ciertas personas una y otra vez, y nos sentamos en reuniones con ellos día tras día.

Relaciones convenientes no son las que salimos a buscar; más bien son accidentales. Sin embargo, con mucha frecuencia, nuestras amistades se establecen de esta manera. No siempre somos proactivos en la búsqueda de los tipos adecuados de amigos. Terminamos teniendo "amigos convenientes" que en realidad no pueden ayudarnos a crecer en la fe ni en nuestro carácter para con Dios.

Muchos romances hoy se establecen a partir de las relaciones convenientes. La gente tiene sentimientos románticos seguidos por sexo conveniente. Viven juntos, porque cuesta menos tener un compañero de cuarto que vivir solo. Le ponen poca atención a esas relaciones. La gente tiende a pensar sólo en lo fácil que es funcionar en ellas.

A veces nuestra relación con Dios se convierte en una de tipo conveniente. Yo pudiera meterme en problemas y hacer una oración de emergencia. O pudiera ser que un oficial me detuviera por alguna infracción y yo orara para que Dios me librara de una multa. Quizás tenga problemas con un hijo o alguna otra situación, y Dios es lo conveniente para buscar ayuda.

Este enfoque de las relaciones es muy común. La gente acepta Premios Grammy por canciones con letras explícitas, horribles y luego dan gracias a Dios porque los ayudó a ganar el premio. Dios nunca tuvo la intención de que nuestra relación con él fuera de conveniencia cuando tuviéramos problemas. Él quería algo mucho más profundo que eso.

Relaciones de consumidor

Las relaciones de consumidor son transaccionales por naturaleza. Conduzco a la gasolinera a comprar un poco de combustible y una Coca-Cola de dieta. No tengo ningún compromiso profundo, ni permanente con la persona en la caja. Simplemente voy donde puedo obtener la mejor oferta. Cuando pido un café con leche en Starbucks, no es porque me sienta comprometido con una tienda de esa cadena en particular. Podría ir a un lugar diferente la próxima vez. Debido a que la relación es transaccional, tampoco siento ninguna obligación de seguir yendo. Si encuentro otra oferta en otro lugar, entonces voy a ir allí. Cuando estoy en una relación de consumidor, voy a estar buscando la oferta que me beneficie más.

- Resistente

Nuestras vidas están llenas de relaciones de consumidor. El reto viene cuando permitimos que ellas interfieran en otras relaciones más importantes. Por ejemplo, si una relación romántica o conyugal está basada en el consumismo (como muchas lo son), nos quedamos en ella sólo mientras sintamos que estamos consiguiendo algo de ella. Cuando termina el beneficio percibido, nos vamos a otro lugar, ¡y nos sentimos justificados al hacerlo! Decimos: "Tú no me estás dando lo que necesito". Esa es una mentalidad de consumidor.

Demasiadas personas tienen lo que se llama "sexo de consumidor". Alegan: "Voy a tener sexo contigo, siempre y cuando satisfaga mis necesidades emocionales. Pero tan pronto como dejes de satisfacerlas, salgo a buscar por ahí y a encontrar a alguien que me haga sentir mejor".

Algunas veces, nuestra relación con Dios está en el nivel de una relación de consumidor. Acudimos a Él para conseguir lo que necesitamos. Cuando dejamos de conseguirlo, dejamos de ir a Él. Decimos: "Voy a dejar de orar. Cuando Él deje de satisfacer mis necesidades físicas y emocionales, me voy a otro lugar".

¿Cuántas veces hemos oído a la gente decir: "Venimos a Dios para que nuestras necesidades sean satisfechas"? Pero Dios está buscando mucho más que una relación de consumidor.

Relaciones contractuales

Las relaciones contractuales profundas son un poco más intensas que las que hemos discutido hasta ahora. En los viejos tiempos la gente podía sellar un acuerdo con un apretón de manos. Su palabra era tan buena como un contrato. Hoy la deshonestidad y la desconfianza hacen necesarios los contratos para casi toda relación de negocios. (Incluso muchos matrimonios comienzan con acuerdos prenupciales.)

Parece que la mayoría de los contratos se escriben para decirnos qué hacer cuando la otra parte no cumpla con su palabra y su compromiso. El contrato explica lo que sucede cuando la cosa va mal. Los contratos esencialmente dicen: "Haré algo por ti siempre

Un nuevo tipo de relación

y cuando tú lo hagas por mí. Haré esto si tú haces aquello". La mayoría de las relaciones de consumidor ahora tienen un contrato unido a ellas, lo que las hace más vinculantes.

A veces confundimos nuestra relación con Dios con una relación contractual. "Voy a hacer esto, Dios, si haces esto por mí. Haré esta oración y tú me llevarás al cielo. Si hago esta buena acción, entonces me recompensarás por ello".

Dios tiene en mente algo mucho más profundo que una relación contractual.

Relaciones de pacto

Las relaciones de pacto son algo completamente diferente y vale la pena explorar para ver de lo que se trata. En realidad, no es un combinación de las tres anteriores que hemos discutido; es de naturaleza muy diferente. Vincula la fuerza de la ley con una relación de amor muy íntima y personal. Es más personal que una relación contractual legal y más vinculante que los sentimientos simples del amor por otra persona. Una relación de pacto dice: "Voy a hacer esto por ti, aunque tú no hagas nada por mí".

Vemos las relaciones de pacto entre padres e hijos, por ejemplo. Todo padre sabe lo que se siente tener hijos que a veces se portan mal. Pero incluso cuando se portan mal, el compromiso sigue siendo: "Todavía soy tu padre, no importa lo que hagas o digas".

Si los adolescentes se vuelven rebeldes, la parte más difícil puede ser el amor inexplicable que un padre tiene, incluso cuando la rebelión descarada viene de los que ellos mimaron, alimentaron y escucharon dar su primera respiración. El corazón de los padres dice: "No importa lo que me hagas ni lo que me des a cambio. Sigo siendo tuyo".

Desde sus primeros años, los niños realmente no pueden dar nada a cambio a sus padres. No pueden pagar el alquiler. No pueden cortar el césped. No pueden lavar los platos. No pueden hacer otra cosa que sonreír y reír. Pero eso no disminuye el compromiso ni el amor de los padres, porque ellos tienen una relación de pacto: "Este es mi pequeño que he traído al mundo".

Por cierto, la relación de pacto es la única clase de relación que Dios menciona alguna vez que tiene con un ser humano. Allí estaba el pacto con Abraham y el pacto con Isaac y Jacob. Allí estaba el pacto mosaico. Desde sus inicios, el pacto con David fue un tipo muy diferente de relación.

A veces la gente dice: "Bueno, mi relación con Dios es muy personal". Esas son por lo general las palabras de quienes quieren una interacción personal profunda, pero no quieren ninguna estructura o rendición de cuentas en su relación con Dios. Es amor sin ley. Quieren el aspecto sentimental, espiritual, personal, en el que Dios es menospreciado por más comodidad que pacto.

Echemos un vistazo al pacto de Dios con Abraham. Se describe en el libro de Génesis:

> El Señor le respondió:
> —Tráeme una ternera, una cabra y un carnero, todos ellos de tres años, y también una tórtola y un pichón de paloma. Abram llevó todos estos animales, los partió por la mitad, y puso una mitad frente a la otra, pero a las aves no las partió... Cuando el sol se puso y cayó la noche, aparecieron una hornilla humeante y una antorcha encendida, las cuales pasaban entre los animales descuartizados. En aquel día el Señor hizo un pacto con Abram. Le dijo:
> —A tus descendientes les daré esta tierra, desde el río de Egipto hasta el gran río, el Éufrates. Me refiero a la tierra de los quenitas, los quenizitas, los cadmoneos, los hititas, los ferezeos, los refaítas, los amorreos, los cananeos, los gergeseos y los jebuseos.
> —Génesis 15:9-10, 17-21

Este ritual nos parece muy extraño hoy en día, pero a Abraham, le debió parecer normal. Las relaciones de pacto eran la norma cultural. Así que cuando Dios le presentó el plan para este ritual de pacto, Abraham estaba familiarizado con él.

Un nuevo tipo de relación

Incluso hoy en los países del Oriente Medio las relaciones de pacto en el matrimonio son algo muy normal. Durante la ceremonia matrimonial las tribus beduinas hacen algo que es profundamente significativo, pero que podría ser descrito como bárbaro. En algún momento de la ceremonia un animal, como una oveja o una cabra, se corta por completo en la mitad y se coloca completamente abierto. La sangre del animal corre a ambos lados. En un lado la novia se encuentra con su familia, y en el otro lado el novio se encuentra parado con los dedos de sus pies en la sangre y toda su familia detrás de él. Mientras se encuentra parado en la sangre, él hace una promesa a su novia y su familia: "Voy a cumplir mi palabra y mi compromiso con mi novia y con esta familia. Y si no cumplo mi palabra, sea yo cortado en dos y mutilado como este animal lo está".

La novia hace lo mismo en el otro lado del animal, con los dedos de sus pies en la sangre mientras dice: "Si yo no muestro ser una esposa fiel toda mi vida, y no mantengo mi palabra, sea yo como este animal, cortado en dos y destruida".

A continuación, el padre del novio se para en la sangre y dice: "Si mi hijo no mantiene su palabra de ser fiel a tu hija, seamos mi familia y yo cortados en dos y destruidos".

Entonces el padre de la novia entra en la sangre y dice: "Si mi hija no permanece fiel a este pacto y no mantiene su compromiso, seamos mi familia y yo cortados en dos".

Así es como se forja la alianza matrimonial. Es mucho más significativo que las palabras "hasta que la muerte nos separe" que hacemos en nuestras ceremonias modernas. En algunas ceremonias actuales no existe tal compromiso en absoluto. En lugar de prometer "hasta que la muerte nos separe", la novia y el novio se comprometen a estar juntos "siempre y cuando nuestro amor dure".

Por desdicha así es como muchos cristianos perciben su compromiso con Cristo: "Mientras mi amor dure; mientras que yo esté sintiendo algo bueno". Eso está muy lejos de ser un pacto.

La hechura del pacto de Abraham

En el pasaje anterior de Génesis capítulo 15, vimos el ritual para hacer pactos. Dos cosas importantes sucedieron que debemos tener en cuenta.

En primer lugar, después de que Abraham cortó el animal, esperó a que el pacto se finalizara. Normalmente, cuando un criado menor hacía un pacto con el dueño de la tierra, al siervo menor se le pedía que caminara entre los restos del animal cortado, diciendo: "Si no guardo mi palabra dada a usted, sea yo como este animal". De esa manera, el propietario de la tierra oía la promesa de la persona de pagar su deuda o hacer cualquier cosa que el compromiso incluyera.

Así que, cuando Abraham cortó al animal abierto y se sentó a esperar hasta el anochecer, esperaba escuchar la siguiente instrucción. Él asumió que iba a tener que pasar a través de los cadáveres de los animales. Por supuesto, la totalidad del ritual se basó en su pregunta a Dios: "¿Cómo sé que tú me bendecirás" (Génesis 15:8). Dios respondió: "Sólo tráeme los animales".

Abraham los cortó a todos, excepto a las aves. Tenía que prometer algo a Dios. Sin embargo, mientras esperaba y esperaba, se llevó una sorpresa: Dios apareció con una llama de fuego y pasó a través de las piezas de los animales sacrificados. Esto debe haber conmocionado a Abraham. En esencia, Dios estaba diciendo: "Si no mantengo mi parte de este pacto para bendecirte, entonces sea yo muerto y cortado en pedazos y sea sacrificado". ¡Dios estaba prometiendo que se rompería en pedazos si no hacía su parte para bendecir a Abraham!

Otra cosa debió haber conmocionado a Abraham: el hecho de que a él no se le exigió que pasara a través de los animales y su sangre. Como acabamos de señalar, la novia y el novio pasaban a través de los animales para expresar un compromiso equitativo. Pero Dios no estaba dispuesto a pedirle a Abraham que hiciera un pacto que él sabía que Abraham no podría mantener. Es como si Dios estuviera dispuesto a pasar por los dos.

Lo que estaba diciendo era, esencialmente: "No sólo voy a ser dividido en pedazos si no cumplo mi palabra; sino que también seré desgarrado en pedazos y matado si tú no mantienes tu parte del pacto".

Y LO FUE.

Cientos de años más tarde, Jesús, Dios en carne, pendió de la cruz. Fue golpeado y crucificado porque Abraham y todos nosotros no pudimos mantener nuestra parte del pacto.

En la cruz, Jesús cumplió la maldición del pacto. Gálatas 3:13-14 habla de eso. Dice que él se hizo maldición por nosotros a fin de que recibiéramos la bendición prometida a Abraham, y para que pudiéramos amar incondicionalmente.

El punto es que una comprensión fundamental de lo que significa estar en pacto cambia nuestras vidas. Es muy importante para nosotros comprender el profundo abrazo de Dios en una relación de pacto en comparación con una relación de consumidor, contractual o conveniente.

Al describir la relación de pacto, el Dr. Tim Keller de la Iglesia Presbiteriana del Redentor dice que entender eso nos lleva a una obediencia paradójica.[1] Lo que él quiere decir es que la ley de Dios es la condición del pacto. Nosotros tomamos en serio la obediencia. Con todas nuestras fuerzas tratamos de obedecer por lo que le costó a Jesús en la cruz. Con todas nuestras fuerzas nos resistimos como locos al pecado.

Lo que nos lleva al segundo elemento a tener en cuenta sobre el pacto de Dios con Abraham: cuando caemos, podemos encontrar nuestro camino de regreso a Dios porque no hay condenación para los que están en Cristo Jesús (Romanos 8:1). Esto nos mantiene fuera de una mentalidad de obras, pero también de una mentalidad de gracia barata.

Jesús dejó a sus discípulos con un sentido del pacto que Él estaba a punto de establecer por medio de la cruz:

Y después de dar gracias, lo partió y dijo: "Este pan es mi cuerpo, que por ustedes entrego; hagan esto en memoria de mí." De la misma manera, después de cenar, tomó la copa y dijo: "Esta copa es el nuevo pacto en mi sangre; hagan esto, cada vez que beban de ella, en memoria de mí."

—1 Corintios 11:24-25

Al describir la Última Cena, Jesús dijo: "Les doy un nuevo pacto". Siempre se ha tratado de una relación de pacto. Es lo que Dios siempre ha querido para nosotros, desde el principio. Es lo que quiere ahora mismo. Es un nuevo pacto con su sangre. De hecho, dijo que cada vez que comiéramos del pan y bebiéramos de la copa en memoria de Él, recordaríamos que murió y derramó su sangre por nosotros.

> En la cruz, Jesús... se hizo maldición por nosotros a fin de que recibiéramos la bendición prometida a Abraham, y para que pudiéramos amar incondicionalmente.

Es una relación de pacto intensa, vinculante, a diferencia de cualquier otra relación que un ser humano pueda tener con otra persona en la vida. Mi esperanza es que cada vez que tomemos la Santa Cena a partir de ahora, tomemos el pan en nuestras bocas y recordemos que su cuerpo realmente fue roto. Y cada vez que tomemos la copa, ruego que nos demos cuenta de que su sangre fue derramada literalmente por nosotros. Él pagó el precio, porque nosotros no pudimos mantener nuestra parte del pacto.

Que cada vez que tomemos la Santa Cena, podamos sentir el carácter vinculante del amor de Dios atrayéndonos más cerca, y que en esa realidad encontremos la fuerza para ser resistentes.

Vuélvase resistente

- La comprensión de la naturaleza de nuestra relación con Dios es fundamental para la base de una fortaleza duradera en Cristo.

- Las relaciones de conveniencia, consumismo y contratos del mundo no son nada como la verdadera relación de pacto de Dios, que es tan fuerte que une a ambas partes a la muerte.
- Dios sabía que no podíamos mantener nuestra parte del pacto. Por eso cubrió su parte y la nuestra al morir en la cruz.

Señor, me arrepiento de todas las maneras en que he subestimado o malentendido el pacto que has establecido con tus hijos. Los tipos mundanos de relaciones son muy superficiales y centrados en sí mismos en comparación con la relación que tienes preparada para nosotros. Tu pacto me sostiene y me enseña tus caminos. Por favor, revélame la belleza de tu pacto y del amor que representa. Gracias por ello y por el precio que pagaste, en el nombre de Jesús. Amén.

Capítulo 13

QUÉ HACER CUANDO USTED NO ENTIENDE

Jesús atrajo a muchas multitudes en sus tres años y medio de ministerio terrenal. A menudo expresó parábolas que parecían entretenidas, pero llevaban mensajes poderosos que quería que la multitud captara. Jesús siempre estaba tratando de iluminar la naturaleza de su Padre y revelar el tipo de relación que quisiera con sus seguidores. Unos entendieron, otros no.

Así como es cierto en la iglesia hoy, unas personas escucharon a Jesús porque valoraban el entretenimiento de las parábolas más que el significado. Otros se le acercaron para experimentar el impacto de ver al ciego sanado y a los cojos andar. Parece que la humanidad siempre ha estado atraída por lo espectacular y lo sobrenatural.

Los milagros no necesariamente producen fe

Uno de los milagros más espectaculares fue la alimentación de los cinco mil en Juan capítulo 6. Durante mucho tiempo me ha costado entender lo que Jesús dijo después del suceso. Tras haber cruzado el mar de Galilea hasta Capernaum, encontró más multitudes esperando por Él. Creo que es particularmente digno de mención que en Juan 6:26, dijera: "Ciertamente les aseguro que ustedes me buscan, no porque han visto señales sino porque comieron pan hasta llenarse".

En otras palabras, estaba diciendo: *"Me buscas por lo que puedes conseguir. Aquí está ocurriendo algo sobrenatural, y ustedes no están interesados o no indagan acerca de lo que fueron testigos, una milagrosa invasión de Dios en los asuntos del hombre. Todo lo que realmente quieren es más alimentos gratis"*.

Qué hacer cuando usted no entiende

Esto comenzó una serie de preguntas seguidas por reproches de Jesús. En una de las enseñanzas menos entretenidas, Jesús respondió a la pregunta: "¿Qué señal harás para que la veamos y te creamos?" (Juan 6:30). Parece increíble que cualquier persona preguntara tal cosa después de que los peces y los panes fueron multiplicados. Sin embargo, la gente le pidió ver sólo un milagro más, para que pudieran creer.

Creo que es interesante señalar aquí que algunas personas dicen que *un milagro resuelve la cuestión*. Esta idea supone que si Dios hace un milagro, la gente va a ser persuadida a creer. Eso es fundamentalmente falso. Los milagros hacen que *algunas* personas crean, pero esas personas tienden a ser predispuestas a tener fe. En ese caso ellos habían visto los milagros y, sin embargo, todavía eran incrédulos. Muchos ven milagros y todavía no creen.

Lo que creemos influye en cómo percibimos las cosas. Si una persona piensa que no hay forma de que Dios enviara a su Hijo a morir por la humanidad o que no existe un Dios vivo que hace milagros hoy, no importa cuántos milagros vea. Va a encontrar una manera de excusarlos.

Eso es lo que los fariseos estaban haciendo. Jesús no iba a hacer un montón más de milagros para convencer a esos cínicos para que creyeran. Cuando ellos hablaban mucho acerca de cómo sus antepasados comieron el maná en el desierto, Jesús fue a ellos. Le dio un giro a su diatriba para explicar que él era ciertamente el "verdadero pan del cielo" y "el pan de vida" (Juan 6:33, 35).

Ellos le respondieron: "Señor, danos siempre este pan, siempre" (Juan 6:34, RVR1960). La implicación parece ser: "Si usted nos da este pan, *entonces* creeremos".

Jesús los reprendió, diciendo: "A pesar de que ustedes me han visto, no creen" (Juan 6:36).

Por tanto mi punto es que lo que usted cree interpreta lo que ve. Lo que usted cree, ¡puede incluso impedirle ver algo que pasa ante sus propios ojos!

Hace poco visité las ruinas de la sinagoga en Capernaum, donde

Jesús predicó este mismo sermón. Me imaginé a todas las personas hacinadas en la muy hermosa estructura adornada con sus pilares y esculturas, escuchando al Mesías y quedando ofendidas por sus afirmaciones:

> Entonces los judíos comenzaron a murmurar contra él, porque dijo: "Yo soy el pan que bajó del cielo." Y se decían: "¿Acaso no es éste Jesús, el hijo de José? ¿No conocemos a su padre y a su madre? ¿Cómo es que sale diciendo: 'Yo bajé del cielo'?"
> —Juan 6:41-42

Jesús comienza su mensaje diciendo: "Yo soy el pan que bajó del cielo", y de inmediato comienzan a quejarse. "Espera un minuto", protestaron. "Nosotros lo conocemos. ¿Quién se cree que es?".

Es la clase de murmuraciones que se oyen cuando las personas encuentran enseñanzas o circunstancias que no se ajustan a sus paradigmas. Jesús sabía que el problema era la falta de entendimiento. "Dejen de murmurar", replicó. "Nadie puede venir a mí si no lo atrae el Padre que me envió" (Juan 6:44). Jesús se inclina un poco más fuertemente para ayudarlos a ver la conexión sobrenatural. El Padre tendría que atraerlos. Sólo él podría iluminar sus corazones.

Sin diluir

Por favor, comprenda que Jesús no trató de hacer feliz a la gente. Él no suavizaba su mensaje para que a la gente le resultara más fácil creerlo. Él simplemente dijo la verdad: ellos no podían entender lo que estaba diciendo a menos que Dios los atrajera.

No puedo decirle cuántas veces he estado ante miles de jóvenes pidiéndole a Dios que atrajera sus corazones hacia él. Es muy tentador, como pastor o predicador, suavizar el mensaje en espera de que la gente pase adelante. Es sobrecogedor saber que todos los futuros espirituales de la gente pueden ser afectados por la respuesta que den a las palabras que usted dice y por el hecho de que crean y actúen en concordancia con el mensaje que usted les da.

Qué hacer cuando usted no entiende

He dicho en innumerables ocasiones que preferiría tener una persona que entregue completamente su vida a Cristo que a mil delirando emocionados por un buen momento espiritual, hasta que tengan la piel de gallina, sin entregarse completamente a él.

Basándome en las Escrituras, creo que Jesús se sentía de la misma manera. En el Evangelio de Juan, él dijo algo que parecía diseñado para llevar a las personas al extremo: "Yo soy el pan vivo que bajó del cielo. Si alguno come de este pan, vivirá para siempre. Este pan es mi carne, que daré para que el mundo viva" (Juan 6:51).

La declaración fue cruda y provocó de tal manera al pueblo que muchos al parecer llegaron a su límite. Habían tenido demasiado. "Los judíos comenzaron a disputar acaloradamente entre sí: '¿Cómo puede éste darnos a comer su carne?'" (v. 52). En esencia lo que están diciendo es: "¿Este hombre espera que seamos caníbales? ¿De verdad espera que nosotros comamos su carne? ¿Cómo es posible que piense que podríamos considerar hacer eso?"

Jesús no se volteó a ellos y dijo: "No, escuchen, esa era sólo una metáfora. Voy a explicar lo que realmente quise decir".

En vez de eso, continuó revelando la verdad, incluso mientras ellos continuaban por el camino del escepticismo:

> El que come mi carne y bebe mi sangre tiene vida eterna, y yo lo resucitaré en el día final. Porque mi carne es verdadera comida y mi sangre es verdadera bebida. El que come mi carne y bebe mi sangre, permanece en mí y yo en él.
>
> —Juan 6:54-56

Las palabras de Jesús desafiaron a sus oyentes. "Muchos de sus discípulos exclamaron: 'Esta enseñanza es muy difícil. ¿Quién puede aceptarla?'" (v. 60). Intentaron entender lo que dijo.

Jesús sabía que incluso sus seguidores se quejaban. Por eso preguntó: "¿Esto les causa tropiezo? ¿Qué tal si vieran al Hijo del hombre subir adonde antes estaba?" (vv. 61-62).

Podríamos parafrasear la respuesta de Jesús de esta manera: "¿Están enojados porque no entienden esto? ¿Qué les parece si vuelo hasta el cielo y regreso enseguida? ¿Creerán entonces? ¿Le dará eso más autoridad a mis palabras? Ustedes acaban de venir por más comida gratis, pero les estoy dando algo mejor: una verdad real. Ustedes no quieren escuchar eso. Ustedes quieren lo espectacular. Ustedes quieren que de alguna manera pruebe que soy quien digo que soy".

En este punto, Jesús les recordó que nadie podía venir a él a menos que el Padre se lo haya concedido (v. 65). Fue entonces cuando "muchos de sus discípulos le volvieron la espalda y ya no andaban con él" (v. 66).

Llega un punto en el que miramos fijamente cara a cara a las circunstancias que nos afligen o la teología que no coincide con nuestra experiencia y tenemos que tomar una decisión. Todos estamos tentados a renunciar como esos lo hicieron. La pregunta es: ¿vamos a abandonar a Dios sólo porque no vemos el panorama general? ¿Vamos a alejarnos sólo porque no respondió a una oración? Oí decir a alguien: "Dios responde a todas y cada una de sus oraciones exactamente como usted quería que lo hiciera, como si usted pudiera ver el panorama completo como Él".

Recuerdo que en los primeros días, después del accidente de Hannah, nos enfrentamos a circunstancias con las que simplemente nuestra fe no contaba. Mientras viajaba a los cuatro funerales de los jóvenes que perecieron, fue una decisión el creer lo mejor de la naturaleza de Dios. Tuve que decidir confiar en su carácter, porque sé que Él es bueno a pesar de la inexplicable tragedia. Después de todo, si Dios estaba repartiendo milagros ese día, ¿por qué no pudieron sobrevivir los cinco? Mientras yo luchaba en mi mente con esas preguntas acerca de *por qué*, resolví simplemente confiar. Tuve que llegar a la misma conclusión que Pedro: "¿A quién iremos? Tú tienes palabras de vida eterna" (Juan 6:68).

Después del accidente deposité mucho más mi confianza en Cristo. Me apoyé en Él cuando no sabía qué decirle a Hannah en los tiempos difíciles de su recuperación. Me apoyé en Él cuando no sabía qué decir a esas familias mientras trataba de darles alguna resolución y cierta paz con respecto a la tragedia.

Qué hacer cuando usted no entiende

También descubrí, una vez más, que no estamos solos. Parece como si las tragedias ilógicas sucedieran desde el inicio de nuestra fe cristiana, pasando por el tiempo en que los creyentes eran encendidos por el fuego de Nerón; los que fueron arrojados a los leones en los estadios; los que, aún hoy, son martirizados por su fe cuando van a difundir el evangelio en el campo misionero, como Jim Elliot. Parece que, sea de manera heroica o accidental o el resultado de persecución, la gente buena perece.

Dios es un misterio. Ciertamente entendemos mucho acerca de Él: envió a su Hijo, Jesús, para mostrarnos cómo es Él, y tenemos su Palabra que describe su naturaleza. Pero todavía "vemos por espejo, oscuramente" (1 Corintios 13:12, RVR1960). No lo entendemos todo. Dios no es una fórmula. Ninguna persona lo entenderá jamás por completo. A pesar de que las circunstancias a veces violan mi teología, confío en su naturaleza.

Es muy curioso para mí que, en Juan 6 después que diera ese mensaje tan intenso y difícil de entender, Jesús no hiciera nada para cambiar el modo de pensar de aquellos que perdieron todo interés a causa del mensaje. No detuvo a nadie para que no se fuera. La mayoría de los predicadores de hoy (incluyéndome yo) diría: "No, no se vaya. ¡Espere! Déjeme explicar esto. Puedo hacer que lo entienda. No es tan radical como parece".

Pero Jesús no lo hizo. Es más, se volvió a los doce y les preguntó: "¿También ustedes quieren marcharse?" (Juan 6:67).

Jesús es la única persona que conozco que alguna vez hizo un llamado al altar para que las personas *lo dejaran*. ¿Puede imaginárselo? El lugar está lleno, la invitación es hecha y la gente responde saliendo del lugar en fila india. Mientras lo hacen, el predicador dice: "Veo aquella mano. Sólo tiene que salir por esa puerta".

LOS CREYENTES CREEN

Después que las personas salieron de la reunión de Jesús y él les preguntó a sus doce si estaban dispuestos a dejarlo también, Simón

Pedro respondió: "Señor, ¿a quién iremos? Tú tienes palabras de vida eterna" (v. 68).

Me pregunto qué pasaba por la mente de Pedro mientras Jesús decía todas esas cosas controversiales. Tengo que creer que Pedro estaba tan confundido como cualquier otro. Debía estar pensando: "¿Comer tu carne y beber tu sangre? ¿Qué es *eso*?". Pero al mismo tiempo el corazón de Pedro se había llenado de vida a partir de las palabras de Cristo, por lo que su única respuesta fue: "¿Dónde más podemos ir? Tú tienes palabras de vida. Tenemos que seguirte".

> Dios no es una fórmula. Ninguna persona entenderá jamás a Dios por completo. A pesar de que las circunstancias a veces violan mi teología, confío en su naturaleza.

La Escritura no entra en detalles, pero es fácil imaginar cómo habría expresado Pedro su confusión y su fe en nuestro lenguaje moderno: "Jesús, yo no entiendo esta enseñanza, y la verdad es que no me gusta. No tiene mucha lógica, y hasta me asusta. Pero lo que tus palabras han hecho dentro de mi corazón es mucho más grande que el hecho de que no entienda esta enseñanza en particular. Una enseñanza que no pueda entender, no es suficiente para ahuyentarme de ti. Tú tienes control de mi corazón. Lo llenaste de vida. ¿Cómo podría dejarte? Así que voy a seguirte aunque no te entienda en este momento".

Me pregunto si ese era el punto de Jesús todo el tiempo: buscar a aquellos que creían, no importaba qué. Ciertamente, los discípulos aprendieron mucho sobre la sangre y el cuerpo más adelante, en la Última Cena cuando Jesús dijo: "Esto es mi cuerpo que por vosotros es partido. Esta copa es el nuevo pacto en mi sangre" (véase 1 Corintios 11:24-25, RVR1960). Tenían que entenderlo, porque se quedaron alrededor de Él el tiempo suficiente para escuchar más. Si los demás se hubieran quedado, habrían entendido también.

Jesús sigue buscando el tipo de compromiso que dice:

Te seguiré, aun cuando no entienda tus palabras...
Aun cuando no entienda mis circunstancias...
Aun cuando todo parezca estar cayéndose a pedazos...

Qué hacer cuando usted no entiende

Aun cuando en realidad nada tenga más lógica.

Si oigo un sermón o leo algo en la Biblia que no entiendo, o si sucede algo que no se alinea con mi teología, eso no significa que voy a dejar de seguir al Hijo de Dios, que dio su vida por mí. Esto es más grande que mi lógica, mis circunstancias o mi comprensión. Él tiene palabras de vida que tienen capturado mi corazón.

Esta es la base sobre la que construimos una relación vibrante con Cristo. Aun cuando no entendamos, seguimos al dueño legítimo de nuestras vidas y en Él podemos desarrollar una fe fuerte, resistente.

Vuélvase resistente

- Cuando no entendemos, decidimos confiar.
- Lo que creemos influye en cómo percibimos las cosas.
- Cuando las cosas no se alinean con nuestra teología, no dejamos de seguir a Jesús. Confiamos en que vamos a entender con el tiempo, pero incluso si no entendemos nunca, optamos por seguir y confiar.

Si ha tenido dificultades para seguir a Cristo porque algo en su vida no tiene lógica o no se alinea con su teología, le recomendamos que decida confiar. Haga eco de las palabras de Pedro: "Señor, ¿a quién iremos? Tú tienes palabras de vida eterna".

Señor, hay cosas que no entiendo, pero decido confiar en ti de todos modos. Me arrepiento por permitir que mi fe sea estremecida cuando las circunstancias no son sensatas para mí. Atráeme a un lugar de revelación. Ilumina tu verdad en mi corazón. Entrego mi lógica y mi entendimiento. Decido confiar en tu carácter, sabiendo que vas a revelar tus misterios en tu tiempo. Incluso cuando yo no entienda, no voy a dejar de seguirte, porque tú me diste la vida. Gracias, Señor, por tu fidelidad. Esto oro en el nombre de Jesús. Amén.

PARTE 3:
ENTRENAMIENTO PARA SER RESISTENTES

CON UNA FUERTE comprensión de lo que es la fe resistente, usted todavía tiene que invertir tiempo para desarrollarla: tiene que entrenarse. Como el corredor de maratón pone su mirada en determinada carrera, usted sólo puede terminar la suya si primero se prepara para ella. No puede simplemente comprar el calzado adecuado y pensar que ya está todo listo. Tampoco puede fortalecer los músculos de las piernas y creer que está listo. Debe preparar toda la persona para funcionar, de la cabeza al corazón, hasta el dedo del pie. Necesitamos el tipo de entrenamiento que aumente la resistencia. Esa es la única manera de terminar nuestra carrera realmente.

Tengo que decir que a pesar de todo el entrenamiento que hice, todavía sentí dolor durante mi primero y mi segundo maratón. Había corrido hasta veintinueve kilómetros de entrenamiento sin mucho dolor. El día de la carrera me presenté con quince mil de mis mejores amigos al Maratón de Dallas. Estaba listo para ir a las cinco de la mañana. Después de ocho kilómetros, apenas estaba comenzando a sudar. ¡Tremendo! Me sentía muy bien y avancé dieciséis kilómetros sin ningún problema. Luego, al pasar los diecisiete kilómetros, sentí dolor en mis caderas. Yo nunca había sentido un dolor así. Cuando digo dolor, quiero decir dolor, dolor, dolor en cada paso.

Pensé que se me iba a quitar mientras corría. Llegué al kilómetro diecinueve. El dolor aún estaba allí en cada paso. Kilómetro veintiuno, veintidós, veinticuatro, todo el camino hasta llegar a los 42.16 kilómetros. Cada paso fue doloroso. Cada paso fue una decisión. Eso es resistencia en la vida real, no en teoría. En mi segundo maratón no esperaba ningún dolor, porque me entrené mucho más fuerte. El dolor comenzó en el kilómetro veintisiete. Descubrí más tarde que todos los corredores de maratón experimentan dolor, no importa en cuántas carreras hayan participado. Lo mismo ocurre con los atletas olímpicos y los profesionales. La vida no se trata de evitar el dolor, sino de gestionarlo si quiere lograr algo grande.

No tenemos que esperar a que los desafíos vengan a descubrir si vamos a sobrevivir o no. La buena noticia es que la Biblia está llena de "ejercicios espirituales" para prepararnos para lo que venga. Nunca debemos preguntarnos o "esperar" que sobrevivamos. Debemos prepararnos y entrenar, para que por la gracia de Dios podamos unirnos a Pablo al decir: "Habiendo acabado todo, estar firmes" (Efesios 6:13).

Capítulo 14

ENTRENAMIENTO PARA TENER FUERZA *VS.* ENTRENAMIENTO PARA TENER RESISTENCIA

Yo era una persona que odiaba correr. Después de tres kilómetros, tenía tanta agonía que quería detenerme. Entonces mis hijas, Hannah y Caridad, me pidieron que corriera un medio maratón con ellas, por lo que nos pusimos de acuerdo para hacerlo. Tuve que soportar horas de dolor agonizante y después de que todo había terminado, decidí que nunca volvería a correr de nuevo (salvo en la cocina para conseguir algo en la nevera).

Unos años más tarde Caridad, mi hija menor, decidió correr un maratón completo. Me inspiró tanto que decidí volver al juego y correr un maratón completo que se llevaría a cabo unos meses más adelante.

Puesto que había oído hablar de personas que realmente morían mientras corrían en maratones, leí sobre cómo entrenar correctamente. Todo el asunto me asustó un poco. No es que yo no tuviera ganas de morir y estar con Jesús algún día; es que simplemente no estaba listo para morir de inmediato y, especialmente, no después de cuatro horas de dolor (antes del dolor, tal vez, pero no después).

Así que devoré con desesperación cada bocado de información que pude encontrar y me preparé para la carrera de mi vida. Uno de los términos que seguía apareciendo en los artículos que hallé fue entrenamiento de resistencia. Las palabras siempre parecían estar en cursiva por los escritores que querían enfatizar la diferencia entre entrenamiento de resistencia, velocidad y fuerza. Todos ellos están relacionados, pero el entrenamiento de resistencia es diferente. Para terminar un maratón, usted tiene que soportar; y para soportar, tiene que entrenar.

La Biblia también habla de resistencia. Es esencial cuando se corre la carrera llamada vida. Las personas resistentes han aprendido a soportar. Sin embargo, notablemente hay muy poca enseñanza al respecto. El escritor del Libro de Hebreos abordó este importante tema. De hecho, hizo un caso muy firme para el entrenamiento de resistencia espiritual. El entrenamiento que describió era todo acerca de seguir el ejemplo de Cristo:

> Por tanto, también nosotros, que estamos rodeados de una multitud tan grande de testigos, despojémonos del lastre que nos estorba, en especial del pecado que nos asedia, y corramos con perseverancia la carrera que tenemos por delante. Fijemos la mirada en Jesús, el iniciador y perfeccionador de nuestra fe, quien por el gozo que le esperaba, soportó la cruz, menospreciando la vergüenza que ella significaba, y ahora está sentado a la derecha del trono de Dios.
> —HEBREOS 12:1-2

El pasaje nos manda a correr la carrera con paciencia. Dice que no podemos terminar la carrera sin ella. En otras palabras, el aguante es lo que nos hace resistentes. Pablo escribió en Hechos 20:24: "Con tal que acabe mi carrera". El apóstol estaba decidido a aguantar. Él sabía que nuestra vida cristiana es una carrera con una línea de meta que debemos alcanzar.

Por tanto, ¿por qué oímos tan poco acerca de la resistencia? Escuchamos bastante en cuanto a ser fuertes en el Señor. Lo complicado es que podemos serlo físicamente, pero no por mucho tiempo. Incluso si podemos levantar pesas, a menudo carecemos de la energía para mantenernos en la carrera. Cuando se trata de ser resistente, aguante es la palabra operativa. Necesitamos tener la capacidad de recuperarnos y mantener nuestra fuerza. Tenemos que seguir y seguir como el conejito de

> El aguante es lo que nos hace resistentes.

Entrenamiento para tener fuerza vs. *Entrenamiento para tener resistencia*

Energizer. Tenemos que seguir adelante como el agente 007, en el Espíritu Santo. Para terminar la carrera, tenemos que seguir y seguir sin importar lo que venga contra nosotros.

Los corredores exitosos deben aprender a aguantar. Así que cuando me decidí a correr el maratón, hice mi tarea al estudiar la resistencia y desarrollarla en mí mismo. Me llamó la atención el hecho de que nadie termina un maratón por accidente. Es que se entrenan. Se han enfocado. Se han desarrollado. Todo el que cruza la línea de meta se somete primeramente a un entrenamiento riguroso. Empujan sus cuerpos y concentran sus mentes, ¡y no abandonan!

Así que muchos cristianos empiezan con entusiasmo, pasión, esperanza y celo. Dicen: "Espero mantenerme en el fuego. Espero llegar al final. Espero terminar mi carrera. Espero oír las palabras: 'Bien, buen siervo y fiel'" (Mateo 25:21).

Eso luce como un montón de esperanza, pero no mucha confianza. La gente que se inscribe en un maratón espera terminarlo. Están decididos a terminar. Se enfocan en hacer lo que sea necesario para decir: "Voy a correr y voy a terminar". Entrenan. Se preparan, físicamente y de otras maneras. Imaginan lo que se necesita para cruzar la línea de meta.

Así debemos hacerlo nosotros. Resulta que hay una gran cantidad de paralelismos entre el entrenamiento para un maratón y el entrenamiento para terminar nuestra carrera espiritual. Sin embargo, no siempre somos tan serios con nuestro entrenamiento como lo son los corredores de maratones. Necesitamos serlo. Y el entrenamiento para aguantar debe encabezar nuestra lista.

En los próximos capítulos voy a revisar lo que he aprendido acerca del entrenamiento para aguantar, centrándome en cuatro áreas críticas. Al ir leyendo acerca de esas áreas, le animo a desarrollar su propio plan de entrenamiento espiritual para que forje su resistencia y termine la carrera.

Vuélvase resistente

- Nadie termina un maratón por accidente. Todo el que cruza la línea de meta se somete primeramente a un entrenamiento riguroso. Preparan sus cuerpos para perseverar hasta el fin.
- Del mismo modo, las personas resistentes aprenden a aguantar. Entrenan diligentemente para terminar la carrera espiritual en la que estamos como cristianos.

Es imperativo, no es opcional, si usted tiene la intención de terminar su carrera, debe prepararse.

Señor, determino que voy a terminar la carrera puesta delante de mí, y voy a terminar fuerte. Como dijo el escritor de Hebreos, permite que pueda correr con perseverancia la carrera que está delante de mí, fijando mis ojos en ti, el autor y consumador de mi fe. Dame la resistencia y la diligencia para comprometerme con los rigores del entrenamiento de modo que pueda perseverar hasta el fin para tu gloria, en el nombre de Jesús. Amén.

Resistentes de la vida real: Umar Mulinde

En la víspera de Navidad del 2011, el obispo ugandés Umar Mulinde fue atacado por extremistas islámicos que le lanzaron ácido. Las terribles lesiones de Mulinde requerían numerosas cirugías. Por dicha, los médicos en Israel fueron capaces de salvar la vista y la audición del hombre.

Aun así Mulinde ha tenido un dolor constante desde el ataque. "He sufrido dolores que nunca había imaginado en la vida, y aunque trate de explicarlo, siento que es muy difícil para mí poder explicarle a otra persona para que realmente lo entienda", dijo. "Pero en general, me alegra ver que estoy manejando la superación del trauma con valor para soportar el sufrimiento".[1]

Capítulo 15

FORMACIÓN DEL MÚSCULO ESPIRITUAL

La resiliencia no sucede por accidente, así como nadie termina un maratón por accidente. Tenemos que prepararnos. Todos tenemos una carrera que correr y tenemos que prepararnos para terminarla, no importa lo que se nos presente.

Cuando empecé a entrenar para mi maratón, me enteré de una serie de cosas que uno debe hacer para terminar la carrera. Ahora, por favor sepa algo, yo no me comprometí a ganar; sólo quería terminar. Esa era mi parte, llegar al final. Creo que es importante recordar que no estamos llamados a ganar la carrera; estamos llamados a terminarla. Pablo no pretendía ganar su carrera. Acababa de decir: "He peleado la buena batalla, he terminado la carrera, me he mantenido en la fe" (2 Timoteo 4:7). Esa es nuestra misión: cruzar la línea de meta.

Lo primero que aprendí en mi entrenamiento de resistencia es que para perseverar y terminar la carrera, tenía que entrenar mis músculos para aguantar. Una vez que empecé el entrenamiento de resistencia, me di cuenta de que la condición de mis músculos puede llevarme a un gran éxito o a un rotundo fracaso. Para perseverar, tenía que poner mis músculos en forma. Si no lo hacía, me arriesgaba a desgarrarlos en plena carrera. Si eso llegaba a suceder, podía olvidarme de correr; apenas podría caminar. La idea de ir cojeando en la carrera no tenía ningún atractivo para mí, así que decidí entrenar mis músculos adecuadamente para evitar una lesión severa.

Parte del entrenamiento de los músculos es el estiramiento. Los corredores tienen que hacer estiramientos extensivos antes y después de cada carrera. Saltar este paso puede causar lesiones graves. Los paralelos en la vida cristiana son obvios.

Formación del músculo espiritual

Tenemos que estirar nuestros músculos espirituales, ¡y la vida a menudo lo hace por nosotros! Piense en todo lo que se nos estira: nuestra paciencia; nuestra bondad; nuestro amor, que es estirado hasta el límite. Todo eso nos prepara para acabar la carrera.

Además de estiramiento, los corredores tienen que extender sus músculos. El proceso es bastante doloroso; es con un rodillo de espuma de polietileno que da a los atletas una forma intensa de automasaje. Tal vez le hayan hecho un masaje tan profundo que era realmente doloroso. Eso es lo que se les anima a hacer a los corredores. Estirar los músculos con el rodillo crea una presión profunda que duele, pero ayuda.

A los corredores también se les anima a tomar baños de hielo después de una carrera larga para ayudar a reparar sus músculos. Los baños de hielo hacen que los capilares se contraigan y saquen las toxinas. El resultado es que al día siguiente el dolor en sus piernas no es tan intenso.

Ya sea correr una carrera física o espiritual, el entrenamiento es un proceso. Me enteré de que después de una carrera muy larga, no tenía que correr al día siguiente. Me regulo yo mismo, haciendo carreras largas una vez a la semana. Empecé con trece kilómetros y aumenté la longitud de forma incremental. Mientras tanto, trabajé en el condicionamiento para que mis músculos pudieran tratar distancias cada vez más largas.

SER FUERTE NO LO ES TODO

Como mencioné en el capítulo anterior, se habla mucho acerca de ser fuertes en el Señor, cuando lo que realmente necesitamos es centrarnos en aguantar hasta el final. Incluso si nuestros músculos son muy fuertes, estos pueden fallar en una carrera larga si no están preparados para soportar. No se trata sólo de cuán sólidas sean las piernas sino si están preparadas para seguir adelante hasta que la carrera haya terminado.

Somos naturalmente buenos en carreras de velocidad. Piense en lo que sucede cada mes de enero: cada gimnasio en el planeta recluta nuevos miembros ofreciendo descuentos. Los propietarios saben que la gente hace las resoluciones de año nuevo para bajar de peso y mejorar su condición. Así que acuden al gimnasio, diciendo: "¡Este año sí me voy a poner en forma!".

Los propietarios de gimnasios saben que si consiguen que esas personas se comprometan con membresías anuales, las deducciones automáticas mensuales de la cuenta bancaria van a rodar. Aunque las nuevas inscripciones paguen por la membresía del año, pocos utilizarán sus contratos para su beneficio completo. Algunos dejan de ir después de un par de meses. Otros se aparecerán, pero ven más que practicar.

Imagínese que alguien fuera al gimnasio sólo a observar a la gente hacer ejercicios y luego culpa al gimnasio de sus pobres resultados:

> Ya sea correr una carrera física o espiritual, el entrenamiento es un proceso.

"¡Esa membresía no me está ayudando en nada! Llego ahí, la gente suda y trabaja duro. Me pongo a verlos y trato de entrarle a la cosa, pero cuando me voy no soy más fuerte, en absoluto. ¡Es un gimnasio estúpido! ¡No voy a regresar!". Parece obvio: no importa que se una al gimnasio; usted tiene que usarlo. A menos que usted mismo levante pesas y entrene sus músculos, usted no será más fuerte ni mejorará.

Eso es exactamente lo que muchas personas hacen los domingos en la mañana y los miércoles por la noche. Van a la iglesia y ven a otras personas hacer los ejercicios. Miran a su pastor, su pastor de jóvenes, el líder de la alabanza ejercitando, levantando pesas, por decirlo así, hablan de su fe y de lo que Dios ha estado hablando con ellos, pero ellos mismos no hacen ningún ejercicio. Pueden gritar amén, pero después de dos, tres, cuatro meses o incluso dos, tres o cuatro años en la misma iglesia, se quejan de que no están creciendo. Así que dicen: "No sé qué pasa en esta iglesia. No me ayuda".

Ver a otras personas trabajar con sus músculos espirituales no le servirá de mucho. Usted debe ejercitarse por su propia cuenta. Medite en ello así: si usted toma en serio el ponerse en forma y contrata a

Formación del músculo espiritual

un entrenador personal, no le va a paga a alguien para que se ejercite por usted. Usted está pagándole a un profesional para que vaya al gimnasio con usted y le empuje. Es probable que su entrenador le grite, vocifere, motive y anime, pero no puede hacer el ejercicio por usted. Usted tiene que hacer sus propias flexiones y alzar sus pesas.

Sería ridículo suponer que usted podría estar en forma sólo con ver a alguien hacer ejercicios. Sin embargo, muchos cristianos piensan así: "Si mi pastor, mis padres o cualquier otra persona fuesen más fuertes en el Señor, yo también lo sería". ¿No es eso igual de ridículo? Nadie puede hacer su entrenamiento espiritual por usted; usted tiene que hacerlo por su cuenta.

Trabajar las disciplinas

Si quiere que sus músculos espirituales se hagan más fuertes y se vuelvan resistentes, usted tiene que ser el que haga los ejercicios. Así que la pregunta es: ¿Cómo trabaja sus músculos espirituales? ¿Es posible hacer cosas físicas que logren resultados espirituales? Esa es la pregunta de las edades, y resulta que ¡en realidad, es posible! De hecho, desde el principio nuestros padres espirituales nos enseñaron disciplinas espirituales. Esas actividades involucran el cuerpo y la mente en aras de fortalecer sus músculos espirituales.

Una palabra de precaución: con demasiada frecuencia las disciplinas espirituales se convierten en listas de cosas por hacer diseñadas para que Dios nos ame más. El concepto no podría estar más lejos de la verdad. Las disciplinas que estamos a punto de explorar son diseñadas para llevar nuestras mentes y corazones a una determinada disposición para que podamos oír a Dios. No estamos tratando de ganar nada. Simplemente estamos intentando que nuestros músculos estén en forma, para que podamos recibir del Señor. Luego, a medida que recibamos, nos hacemos más fuertes y llenos de vida.

Algunas de esas disciplinas serán más familiares para usted que otras. A medida que lea, piense en cómo pueden ayudar a edificar su músculo espiritual:

- *La disciplina de la oración:* Este es un tiempo de quietud, habitual, consagrado, enfocado en entablar comunicación con Dios. Se trata de un conversación honesta con él, no sólo un momento para pedirle cosas o para soñar con todas las cosas que usted quiere ver que sucedan. Dicho esto, es un tiempo perfectamente bueno para expresarle sus preocupaciones al Padre que le ama.

- *La disciplina de la lectura de la Biblia:* Esta es la lectura diaria de la Escritura. Si usted lee uno o diez capítulos por día, si lee la Biblia completa en un año o dos o más veces, la lectura es una disciplina. Eso significa que lo hace cuando quiere hacerlo *y* cuando no quiere también.

- *La disciplina del silencio:* Muchos padres de la iglesia practicaban el silencio. Algunos hacen lo mismo hoy, por un día, una semana o algún otro incremento de tiempo. Es una práctica poderosa, porque nuestro mundo está lleno de ruido. Decida estar en silencio y descubra lo que el Señor pudiera hablar con usted.

- *La disciplina del servicio:* Se trata de servir a otros más que a uno mismo. Haga lo que haga—fregar, construir, proveer tratamiento médico o consolar—, sentirá a Dios vertiendo su vida en usted al mismo tiempo que usted hace lo mismo con los demás.

- *La disciplina de la observancia del sábado:* La observancia del sábado es uno de los Diez Mandamientos. El punto es separar el día de manera congruente porque es el Día del Señor. Es para la comunión, para ser llenado con él y para acercarse a él.

- *La disciplina del ayuno:* Ayunar es abstenerse de ingerir alimento físico, para que usted pueda centrarse

Formación del músculo espiritual

en la comida espiritual. Es un tiempo para devorar las Escrituras. Tenga en cuenta que cuando los fariseos convirtieron el ayuno en un ritual, Jesús los reprendió; pero aun así animó a sus discípulos a practicarlo. El ayuno tiene muchos beneficios. A través de los años he ayunado en una variedad de maneras. Puede que me abstenga por tres días a la vez, diez o más. A menudo, sólo tomo agua, pero he hecho ayunos líquidos más amplios por un máximo de cuarenta días. De cualquier manera, no sólo ayuno de comida, hago mi festín con Cristo. (Usted puede ayunar de cosas que le gustan: el azúcar, los medios de comunicación, Twitter o Instagram. Este tipo de ayuno muestra autocontrol).

- *La disciplina de la soledad:* Esto significa pasar tiempo lejos de la gente para que pueda estar a solas con Dios. Es otra manera de acercarse a Él.

- *La disciplina de la reflexión:* Se trata de tomar tiempo periódicamente y encontrar un lugar para pensar. Escabullirse del mundo agitado y reflexionar simplemente. Usted se sorprenderá de lo que sucede.

- *La disciplina para memorizar las Escrituras:* Esta es una poderosa manera de renovar su mente. Es posible memorizar un capítulo o incluso un libro de la Biblia. Casi puedo oírle decir: "No puedo ni memorizar las cosas que necesito saber para el trabajo o la escuela". No deje que sus experiencias pasadas le detengan. ¡Usted puede hacerlo! Como ya me escuchó decir en un capítulo anterior: es tiempo de memorizar la letra de Jesús.

- *La disciplina de la adoración:* Esto es pasar tiempo en la presencia de Dios. No incluye necesariamente música. La adoración es cuando usted honra a Dios por lo que Él es y se humilla delante de Él, sometiéndose de nuevo a su señorío. Cuando adoramos somos capaces de acercarnos a Dios y estar en comunión con Él.

Nuestros padres espirituales nos enseñaron cómo construir nuestros músculos espirituales. Cuando usted es disciplinado, no espera encontrarse con un reto o terminar una carrera; usted se prepara para ello. Cuando empecé el primer maratón completo, sabía que iba a terminarlo porque me había entrenado para aguantar; trabajé en cuanto a poner mis músculos en forma. No hubo razón para preocuparme por el resultado, porque me había preparado para cruzar la meta.

Espiritualmente hablando, demasiados cristianos en cierto modo esperan y oran que logren llegar hasta el final de sus vidas amando aún a Jesús. ¡Usted no tiene que hacer eso! Prepárese ahora con sus disciplinas espirituales. Recuerde que no está tratando de ganar algo de Dios al practicar las disciplinas espirituales. Las practicamos porque fuimos cambiados de una manera muy profunda por Cristo. Practicamos las disciplinas espirituales para llevarnos a nosotros mismos a una posición donde podamos escuchar de Dios y, como consecuencia, nuestros músculos espirituales son fortalecidos.

Vuélvase resistente

- Todos tenemos una carrera que correr y tenemos que prepararnos para terminarla, no importa lo que se nos presente.

- Nunca vamos a estar en forma sólo con ver a alguien hacer ejercicios. Nadie puede hacer nuestro entrenamiento espiritual por nosotros; nosotros tenemos que hacerlo por nuestra cuenta.

- Las disciplinas espirituales ajustan la mente y el cuerpo para ayudar a fortalecer nuestros músculos espirituales. La intención no es que se conviertan en

Formación del músculo espiritual

una lista legalista de tareas pendientes. Ellas ayudan a situar nuestros corazones en disposición para escuchar de Dios y recibir de él.

Usted no tiene que simplemente esperar llegar al final de su carrera. Usted puede prepararse para ello. Al final de este capítulo hay una tabla que puede utilizar para hacerle seguimiento a la frecuencia con la que está entrenando sus músculos espirituales mediante la práctica de las disciplinas espirituales. Ahora, pida al Señor que le ayude a comprometerse a incorporar las disciplinas espirituales discutidas en este capítulo a cada uno de los días.

Señor, quiero llegar a ser fuerte en ti. Quiero construir mis músculos espirituales para que puedan aguantar hasta el final. Me comprometo a pasar tiempo contigo cada día practicando las disciplinas espirituales. Permite que vengan a ser parte de mi naturaleza, de manera que no pase un día sin edificarme a través de la oración, la lectura de la Biblia, la soledad, la reflexión y cosas similares. Quiero oír tu voz y recibir todo lo que tienes para mí, de forma que pueda llegar al final fuerte y resistente, en el nombre de Jesús. Amén.

Resistente

TABLA DE DISCIPLINAS ESPIRITUALES

Disciplina espiritual	Domingo	Lunes	Martes	Miércoles	Jueves	Viernes	Sábado
Oración							
Lectura bíblica							
Servicio							
Observancia del Sábado							
Ayuno							
Soledad							
Reflexión							
Memorización de las Escrituras							
Otras							

Capítulo 16

ACONDICIONAMIENTO DEL CORAZÓN

Para aguantar un maratón y ser resistente en la carrera de la vida, debe asegurarse de que su corazón esté en gran forma. He aprendido mucho sobre lo que le sucede a su corazón y a sus pulmones a medida que va alcanzando buena forma. Resulta que el cuerpo promedio cuenta con más de un millón de millas (un millón y medio de kilómetros) de arterias y vasos capilares. Los capilares son los vasos sanguíneos más pequeños. Ayudan a transportar oxígeno a sus extremidades para nutrir y fortalecer los músculos.

A medida que hace un esfuerzo, se crean más capilares. Eso aumenta su capacidad de oxígeno, de modo que más oxígeno es transportado a través del cuerpo, incluyendo los pulmones. Si usted corre una milla (un kilómetro y medio) en diez minutos mañana, su ritmo cardíaco se elevará y su respiración se volverá pesada. Pero si corre una milla (un kilómetro y medio) en diez minutos todos los días durante una semana, su respiración mejorará gradualmente a medida que su cuerpo aumente los capilares. Con un sistema circulatorio más eficiente, usted no necesita respirar muy fuerte para mantener sus músculos alimentados. Al mismo tiempo, mientras más jadee, descarga más residuos. Todo eso aumenta la resistencia. A medida que ejercita su sistema cardiovascular, usted crea la capacidad de resiliencia.

El proceso de llegar a ser espiritualmente resistentes es similar. En cada caso, su corazón tiene que estar en gran forma.

¿Qué tiene que ver esto con nuestra vida espiritual?

Espiritualmente hablando, el Espíritu Santo es nuestro oxígeno. Es la presencia de Dios. Juan 20:22 dice que el Jesús resucitado sopló sobre sus discípulos y recibieron el Espíritu Santo. Para mantener el nivel de nuestro oxígeno espiritual, debemos regularnos a nosotros mismos y mantener nuestros corazones puros.

Incluso si asistimos a la iglesia más encendida del mundo, todavía vivimos en un mundo impuro. Nosotros "inhalamos" toxinas en el mundo todos los días a través de los medios de comunicación, la música, la internet y la publicidad. Las toxinas están en todas partes. Al igual que el *smog* [o niebla tóxica] en una ciudad contaminada, ellas tienden a dejar su residuo en nosotros.

Jesús dijo: "Dichosos los de corazón limpio, porque ellos verán a Dios" (Mateo 5:8). Él estaba explicando lo importante que es mantener su corazón en buena forma y eliminar las toxinas que trabajan para corroerlo. No importa cuán puro esté su corazón hoy, las toxinas encontrarán su camino para entrar en la mañana. No llegue a ser como tantos otros que han ido a la iglesia o al grupo de jóvenes durante años, sólo para descubrir que ya no sienten la presencia de Dios. Ellos dicen: "No puedo sentirlo. No puedo escuchar lo que él está diciendo. ¿Qué está mal?".

Jesús dijo que si usted es puro de corazón verá a Dios. Lo va a sentir; lo va a escuchar y va a entender sus caminos y su corazón; si mantiene su corazón en buena forma.

Entonces, ¿qué hacer?

Si quiere estar en buena forma física, necesita ejercicios cardiovasculares por lo menos varias veces a la semana. Para estar en buena forma espiritual, necesita sus ejercicios cardiovasculares espirituales cada uno o dos días. Lo que quiero decir es esto: usted necesita examinar su corazón y buscar toxinas para descargarlas.

¡Todos necesitamos esto! Así que podemos orar como David:

Acondicionamiento del corazón

"Examíname, oh Dios... y ve si hay en mí camino de perversidad" (Salmos 139:23-25, RVR1960). Cuando oramos de esta manera, decimos: "Dios, el residuo del mundo está en mí. Quiero exhalar; quiero arrepentirme. Por favor, purifica mi corazón".

Eso es lo que es el arrepentimiento: sacar la basura de nuestras vidas. Aun cuando seguimos a Cristo, el residuo del mundo trata de caer sobre nosotros. Todos los días tenemos que ducharnos con la gracia de Dios. Así como debemos inhalar oxígeno para vivir, debemos tener la capacidad de "inhalar" la presencia del Señor. A medida que exhalamos al mundo y sus actitudes, aumentamos nuestra capacidad para él. Cuando exhalamos al mundo y nos arrepentimos, diciendo: "Dios, limpia mi corazón", él sopla su vida en nosotros, llenando nuestros corazones por completo.

Con nuestros corazones funcionando de esa manera, sentimos a Dios, lo vemos y caminamos con él. Esa es la razón por la que debemos conocer la condición de nuestros corazones. Tenemos que preguntarnos si hemos vaciado nuestros residuos cardiovasculares. Jesús dijo que si usted tiene un corazón limpio, será bendecido y verá a Dios (Mateo 5:8). Así que si le ha sido difícil conectarse con Dios, sabemos que hay que hacer más exhalación; es el momento de entrar en una sesión de cardio.

> Aun cuando sigamos a Cristo, el residuo del mundo trata de caer sobre nosotros. Todos los días tenemos que ducharnos con la gracia de Dios.

Vuélvase resistente

- Para soportar un maratón y ser resistente en la vida, debe asegurarse de que su corazón esté en muy buena forma.
- Las "toxinas" espirituales están a nuestro alrededor. Nosotros las "inhalamos" a través de los medios de

- comunicación, la música, la internet y la publicidad, y dejan su residuo en nosotros.

- Cuando hacemos un cardio espiritual, examinamos nuestros corazones para encontrar las toxinas y luego descargarlas. Al hacer eso regularmente, mantendremos nuestro corazón en buena forma.

- Cuando nos arrepentimos y pedimos a Dios que limpie nuestros corazones, él nos vacía de las toxinas del mundo y respira su vida en nosotros. Eso nos permite sentir la presencia de Dios.

Si ha estado luchando por detectar la presencia de Dios, ¿por qué no se detiene ahora y dice esta oración?

Padre, si hay camino de perversidad en mí, dame un corazón puro. Saca las toxinas de mi sistema para que pueda verte, oírte ¡y sentir tu presencia todo el día! En el nombre de Jesús. Amén.

Acondicionamiento del corazón

REGISTRO DE EJERCICIO CARDIOVASCULAR

¿Pasó tiempo con el Señor hoy, vaciando los residuos cardiovasculares y purificando su corazón para que Dios pueda respirar su vida en el corazón de usted? Usted puede orar como David diciendo simplemente: "Examíname, oh Dios, y ve si hay en mí camino de perversidad. El residuo del mundo está en mí. Quiero exhalar; quiero arrepentirme. Por favor, purifica mi corazón". Tenemos que ir ante el Señor regularmente para purificar nuestros corazones. Utilice la siguiente tabla para hacerle seguimiento a la frecuencia con la que está haciendo su cardio espiritual.

¿HA HECHO SU EJERCICIO CARDIOVASCULAR HOY?

MES:							
	Domingo	Lunes	Martes	Miércoles	Jueves	Viernes	Sábado
Semana 1							
Semana 2							
Semana 3							
Semana 4							
Semana 5							

Capítulo 17

NUTRICIÓN ESPIRITUAL

MI MUJER ES una reina de la comida sana. Yo soy rey de la comida chatarra. Si sabe como cartón, a Katie le encanta. Ella ha estado tratando de hacerme comer más sano durante años. Nada funcionó. Pero cuando empecé a estudiar en serio acerca de cómo entrenar para un maratón, de manera que no muriera al tratar de terminar, aprendí mucho sobre nutrición y cómo capacita a los corredores para terminar la carrera.

Los corredores de maratón viven con el temor siempre presente de "chocar contra el muro". Esto tiende a ocurrir alrededor de la milla número veinte o veintidós (kilómetro treinta y dos o treinta y cinco) de la carrera, cuando el cuerpo del corredor está tan agotado de energía que se derrumba. Unos corredores sienten mucho dolor físico. Otros se sienten muy cansados y aun otros simplemente se rinden.

Si choca contra el muro, es posible salir adelante a terminar la carrera, pero es insoportable en muchos niveles. Cuando supe por primera vez al respecto, asumí que era inevitable que cada corredor chocara en algún momento. Luego, en mi preparación para el maratón, leí algo que cambió para siempre mi forma de pensar. Decía: "Sólo los ignorantes y los desinformados chocan contra el muro".

¡Ja! Apenas podía creer lo que había leído. Si sólo ignorantes y personas desinformadas chocan contra el muro, entonces yo sabía que podía evitar el choque. Y si era posible evitar chocar contra el muro, decidí que no iba a ser ignorante y que no iba a estar desinformado. Una vez más devoré cada pieza de información que pudiera encontrar para aprender cómo evitar chocar contra el muro.

Pensé al respecto también en términos del cristianismo.

Nutrición espiritual

Espiritualmente hablando, la gente choca contra el muro todo el tiempo. Todos conocemos a alguien de quien se dice: "Fulano solía estar muy apasionado, vehemente. ¿Qué pasó? No lo he visto en la iglesia en meses o incluso años". O: "Escuché que ella empezó a salir con un grupo. He oído que está brava con la iglesia y no quiere tener nada que ver con Dios".

Cuando nuestros amigos cristianos chocan contra el muro, nos preguntamos: "¿Qué pasó con ellos? ¿Por qué tiraron la toalla? ¿Qué hizo que colapsaran?". En vez de vivir con el miedo de que nos pueda suceder lo mismo, podemos asegurarnos de que no ocurra. Una de las mejores maneras de evitar el choque contra el muro es conseguir una excelente nutrición espiritual. La "comida" correcta nos mantendrá resistentes hasta el final.

Funciona muy parecido a la nutrición física. Aprendí con mi investigación que el alimento físico correcto brinda el tipo de energía adecuado. Probablemente haya oído hablar de los carbohidratos buenos y los carbohidratos malos. Su cuerpo convierte todo lo que usted come, si son carbohidratos o proteínas, en energía, y esa energía le ayuda a seguir adelante. El problema es que unas cosas son más difíciles de convertir que otras. Ciertos alimentos requieren mucho más tiempo para descomponerse. Unos comienzan grasos o se convierten en grasa cuando usted los ingiere. Otros se convierten al instante en energía; aun otros no.

Para correr se necesita una estrategia nutricional, ya que lo que usted come necesita seguir proveyéndole energía. Sin estrategia, usted se quedará sin energía y chocará contra el muro. En su entrenamiento para el maratón no sólo necesita comer los carbohidratos correctos, también es necesario que consuma la cantidad adecuada. Antes de su gran carrera, usted puede "cargarse de carbohidratos" comiendo cantidades de pasta en los días previos. Luego, durante la carrera, debe llevar consigo la nutrición adecuada para que pueda mantenerse alimentado. Si come carbohidratos malos, en realidad lo llevarán a un punto bajo. Así que a pesar de que saben bien, drenarán toda su energía.

Planifique su consumo

Vamos a hablar acerca de su nutrición espiritual. ¿De dónde proviene su energía? ¿Está viviendo del maná fresco o todavía está masticando algo que aprendió uno o dos años atrás? ¿Es totalmente dependiente de lo que predica su pastor o busca para su propia comida entre servicios?

¿Qué tipo de "carbohidratos" está consumiendo? ¿Está usted concentrado en los "carbohidratos malos", por así decirlo: medios de comunicación, las películas, las noticias y los juegos de video? Si eso es todo lo que está poniendo en su interior todo el tiempo, no es de extrañar que no tenga ninguna energía espiritual. Si se rellena con cosas malas, no tendrá espacio para lo que es bueno para usted.

Piense de nuevo en una gran comida de Acción de Gracias para la que usted estaba contando los días que faltaban. Tal vez su madre estaba preparando el festín; el pavo y todos los acompañamientos. Usted decidió morirse de hambre todo el día para tener espacio para esa gran cena; pero temprano por la tarde estaba tan hambriento, que se comió unas papitas fritas para matar el hambre. Por desdicha, una papita se convirtió en una bolsa entera. Para el tiempo en que sirvieron la cena, usted ya no tenía hambre. Estaba tan hinchado con basura que su apetito se atrofió. Ahora tiene una comida fantástica delante de usted, completa con postre casero, pero ya no está interesado en comerla.

> ¿Qué tipo de "carbohidratos" está consumiendo? Si se rellena con cosas malas, no tendrá espacio para lo que es bueno para usted.

Me pregunto si eso es lo que sucede con muchos cristianos en las mañanas dominicales o en otras mañanas cuando se sientan a solas con Dios. Él ha preparado una estupenda comida para que la consuman, pero están tan llenos de mensajes de todo el mundo que su vientre espiritual está hinchado y su apetito es escaso. Están tan llenos que la comida que Dios está preparando ni siquiera les parece atractiva.

Nutrición espiritual

¿Será que tenemos que disminuir la "comida chatarra" del mundo de modo que tengamos hambre de la nutrición que realmente necesitamos: los festines que Dios nos ofrece cada día? Eso es algo en lo que se debe pensar.

Tenemos que preguntarnos: "¿Cuánto alimento espiritual estoy ingiriendo? ¿Debo comer sólo en la iglesia?". ¿Qué pensaría si alguien le dijera: "Yo sé que usted necesita alimentos para sobrevivir, así que lo voy a alimentar los domingos y los miércoles"? ¡Pensaríamos que esa persona está loca! Nadie estaría de acuerdo con eso. Si no intentamos sobrevivir comiendo comida física sólo los domingos y los miércoles en la iglesia, ¿por qué íbamos a hacer eso con nuestro alimento espiritual?

Si usted se da percata de su necesidad de alimento físico, la siguiente pregunta que debe hacerse es: ¿Qué tipo de alimento espiritual estoy consumiendo? ¿Está comiendo comida chatarra espiritual? ¿Está usted sólo escuchando los mensajes que hacen cosquillas en sus oídos o le hacen reír? No estoy diciendo que el humor sea impío. Lo que estoy diciendo es que no podemos escuchar sólo los mensajes que nos hacen sentir bien. La comida chatarra espiritual es como la física. Si usted come papas fritas y barras de caramelo todo el tiempo, se va a engordar e hinchar, y no estará preparado para aguantar hasta el final.

El escritor de Hebreos advirtió al respecto. En esencia, dijo: "A estas alturas ustedes deberían ser capaces de comer carne, pero tengo que darles leche. Ustedes deberían estar comiendo carne roja, pero sólo puedo darles la leche de la Palabra" (Hebreos 5:12-14).

Mi reto es este: planifique una dieta espiritual sólida para usted mismo. Planifique su menú enumerando los siete días de la semana y las cosas usted va a leer y escuchar en cada uno. Incluya libros, podcasts y otras fuentes que usted sabe lo desafiarán. Deje que lo provoquen al arrepentimiento allí donde lo necesite. Sea agradecido cuando ellos le revelen áreas en las que usted está débil y necesita ser fuerte. Por ejemplo, si le resulta difícil ser generoso, busque enseñanzas y orientación en el área de generosidad y entrega.

Resistente

Es como nos dijeron nuestras madres: tenemos que comer nuestros vegetales, en este caso los vegetales espirituales. Tenemos que absorber los nutrientes adecuados y corregir cualquier deficiencia. Si estamos en serio en cuanto a terminar la carrera y no chocar contra el muro, es imperativo que lo hagamos.

Vuélvase resistente

- Los corredores de maratón pueden llegar a agotar tanto sus energías que "choquen contra el muro" y colapsen. Esto también puede sucedernos a nosotros espiritualmente.

- Una de las mejores maneras de evitar el choque contra el muro es conseguir una excelente nutrición espiritual.

- Así como en lo natural, si usted se llena de comida chatarra espiritual (por ejemplo, escuchando sólo los mensajes que le hacer sentir bien), no tendrá espacio para las cosas que son espiritualmente nutritivas. Como resultado, se va a engordar e hinchar y no será capaz de aguantar hasta el fin.

- Planifique una dieta espiritual equilibrada usted mismo, llena de recursos que lo reten y provoquen, y fortalecerá sus áreas débiles.

No pierda tiempo. Use la tabla al final de este capítulo para desarrollar su plan de nutrición espiritual para la semana. Oremos para que el Señor le guíe a medida que crea este plan.

Señor, no quiero ser como la gente de la que habla el escritor de Hebreos, que todavía están bebiendo la leche de tu Palabra. Quiero ser maduro, para poder aguantar la carne. Muéstrame mis áreas débiles y dirígeme a los recursos que me ayudarán a hacerles frente. Quiero ser desafiado para poder cambiar. Ayúdame a ser fuerte para que pueda aguantar, en el nombre de Jesús. Amén.

REGISTRO DE NUTRICIÓN ESPIRITUAL

Nutrición espiritual	Estudio bíblico	Otra lectura	Misterio Podcast	Tema que quiero explorar para crecer en fortaleza
Domingo				
Lunes				
Martes				
Miércoles				
Jueves				
Viernes				
Sábado				

Capítulo 18

ENFOCARSE EN LA LÍNEA DE LLEGADA

PARA SER RESISTENTE, usted también debe entrenar su mente en cuanto a la línea de llegada. Una de las cosas que aprendí mientras me preparaba para correr un maratón es que uno puede tener los músculos bien entrenados, puede tener una excelente nutrición, puede ser disciplinado en cuanto a su cardio, pero si no determina que va a terminar, lo más probablemente es que no lo hará. Aunque no haya ninguna razón física para que no cruce la línea de llegada, si usted no se ve a sí mismo terminando la carrera antes de correrla, simplemente no va a terminarla.

Su estado mental debe ser deliberado. No llegamos a ser resistentes, y a mantenernos firme en medio de crisis, por accidente. Hay muchos momentos en una carrera cuando usted no tiene ganas de correr en absoluto. Todo lo que quiere hacer es abandonar. Físicamente está gastado, terminado, vacío, pero se enfoca en terminar la carrera.

Me pregunto si es por eso que Pablo habló en Filipenses 3:13-14 sobre proseguir hacia la meta. Pablo dijo cosas como esta una y otra vez. En Colosenses 3:2, escribió: "Concentren su atención en las cosas de arriba, no en las de la tierra". Con todas las distracciones halando nuestra atención hacia todas las direcciones, es fácil perder la concentración. Por ejemplo, el adolescente estadounidense promedio ve sesenta mil horas de películas y televisión para el momento en que se gradúe de la escuela secundaria. Por el contrario, ese mismo adolescente gasta once mil horas en el aula y sólo ochocientas horas en la iglesia.[1]

Si usted es adolescente o adulto, está abrumado por las distracciones. Con tantas opciones tratando de captar su atención, es fácil

Enfocarse en la línea de llegada

desviarse del curso. Pero no tiene que hacerlo. Usted puede y debe correr su propia carrera. Nadie puede correrla por usted. Sólo usted puede entrenarse para hacerlo. Hebreos 12:2 dice que puede hacerlo considerando el ejemplo de Jesús, "el cual por el gozo puesto delante de él sufrió la cruz, menospreciando el oprobio" (RVR1960).

Note lo que Jesús hizo. Se enfocó en su objetivo: el gozo puesto delante de Él. Nosotros debemos hacer lo mismo. No vamos a llegar a la línea de llegada por accidente. Llegaremos al final porque nos preparamos para ser resistentes. En gran parte, eso significa evitar estar crónicamente ocupado y cualquier otra cosa que pueda envenenar nuestras mentes. No ingeriríamos veneno ni haríamos algo intencional que matara nuestro cuerpo. Así que, ¿por qué vamos a envenenar nuestra mente con cosas que se oponen directamente la Escritura?

> Aunque no haya ninguna razón física para que no cruce la línea de llegada, si usted no se ve a sí mismo terminando la carrera *antes* de correrla, simplemente no va a terminarla.

Pocos días después del accidente aéreo asistí al funeral de Austin Anderson. Fue conmovedor ver a dos mil personas reunirse en su pequeño pueblo para honrarlo, incluyendo un número de sus compañeros marines. Me reuní con la familia de Austin, los animé y escuché sus historias. Fue difícil para mí estar todo el funeral sin perder el control, en parte porque él y Hannah eran amigos, y él se había unido recientemente al personal de Teen Mania. Pero también era porque yo sabía que él probablemente jugó un papel importante en cuanto a ayudar a Hannah a sobrevivir al accidente.

Se me dio la oportunidad de hablar. Parte de lo que compartí con los asistentes fue el hecho de que camino a la actividad en la que iban a adorar al Señor con otros dos mil quinientos jóvenes, cuatro de las personas que estaban en el avión hallaron el más grande de los servicios de adoración en el cielo. Ellos iban camino a aprender a ayudar a toda una generación a encontrarse con Cristo cara a cara y, en un momento, verdaderamente se encontraron con Jesús cara a cara.

Austin, Lucas, Stephen, y Garrett estaban determinados y enfocados, consumidos con el llamado de Dios a sus vidas para hacer una diferencia en este mundo. En vez de centrarse en comenzar grandes carreras para ganar dinero después de obtener grados en negocios, Austin y Stephen decidieron formar parte de Teen Mania y hacer todo lo que estuviera a su alcance para rescatar a esta generación. En medio de esa misión que Dios tenía para ellos, perdieron la vida. ¿Qué mejor manera de partir? Murieron en búsqueda de una misión y, al hacerlo, se unieron a las filas de personas como Juan el Bautista, que fue encarcelado por difundir el evangelio y asesinado por el capricho ridículo de un rey; como Jim Elliot y Nate Saint, que perdieron la vida mientras cumplían su misión de llegar a los indios aucas.

Qué mejor manera de conocer a Cristo cara a cara, cuando usted está totalmente consumido y concentrado en lo que Él le ha llamado a hacer, lanzándose a difundir su mensaje, abandonando cualquier otro posible tesoro y honra que el mundo pueda ofrecerle; para entonces, al siguiente instante, está usted con Él. La manera como esos cuatro jóvenes fueron al cielo es la forma como me quiero ir: enfocado en el llamado hasta el mismo final.

En nuestra cultura acelerada es tan fácil ser consumido por las cosas pequeñas e irrelevantes. Deje de lado las cosas que le hagan perder tiempo y las que se opongan a Dios. Conozca cuáles son sus prioridades y elimine las actividades que no tienen importancia real o duradera.

Un poema que se reporta haber sido escrito la noche antes de que las fuerzas japonesas quemaran Shanghái durante la Segunda Guerra Mundial, refleja la locura de ir tras actividades triviales:

> Esta noche Shanghái se está quemando
> Y nosotros estamos muriendo también
> ¿Qué bomba más seguramente mortal
> Que la muerte dentro de ti?

Enfocarse en la línea de llegada

Porque unos hombres mueren por la metralla,
Y otros caen en las llamas
Pero la mayoría de ellos perecen centímetro a centímetro,
Pasar el tiempo en pequeños juegos.²

Esto no podría ser más cierto en cuanto a esta generación, que cuenta con juegos al alcance de la mano todo el tiempo. ¡Debemos mantener el enfoque en la línea de llegada!

PLANIFIQUE TERMINAR FUERTE

En la parte 3 de este libro se discute acerca de las cosas espirituales de manera práctica. Mi estímulo, incluso antes de que usted lea otra página, es aplicar lo que ha aprendido. Invierta tiempo en su plan de entrenamiento espiritual. Decida ahora lo que va a hacer en cuanto a las disciplinas espirituales mencionadas. Prepare un calendario. Escriba las cosas que va a hacer cada día, cada mes y cada trimestre para posicionarse a escuchar a Dios.

Elabore su propio plan de cardio. ¿Qué va a hacer periódicamente para limpiar su corazón? Planifique, por todos los medios, asistir a una actividad nuestra Acquire the Fire o a una campaña de avivamiento en su iglesia, pero no espere por ocasiones especiales para preguntarle al Señor: "¿Hay en mí algún camino de perversidad?". Tenga un plan para mantener su corazón limpio y libre de los desechos del mundo cada día.

Reflexione sobre su nutrición espiritual. Aliméntese siete días a la semana con la Escritura. Escuche discos compactos y podcasts de enseñanzas. Depure los medios de comunicación que le impidan convertirse en resistente; encuentre los materiales que edifiquen su resistencia y fortalezcan sus músculos espirituales.

Asegúrese todos los días de que su mente está fija en terminar la carrera. Véase a sí mismo cruzando la línea de meta. Imagínese que escucha a Jesús decirle: "¡Hiciste bien, siervo bueno y fiel!" (Mateo 25:21).

Si no puede imaginarse eso, es probable que no se convierta en realidad. Tiene que entrenarse para ser resistente. Esa es la forma de asegurarse de que está listo para ser fuerte cuando los tiempos sean difíciles y el mundo parezca estrellarse a su alrededor. La resistencia no sólo sucede. Usted se convierte en resistente ya que, por la gracia de Dios, se *preparó* para terminar la carrera.

Vuélvase resistente

- Si no se prepara para terminar la carrera, no lo hará.
- Enfóquese en la línea de llegada, evitando distracciones. Deje de lado las cosas que le hagan perder tiempo y las actividades que lo alejen de Dios.
- Cada día imagínese terminando la carrera. Véase a si mismo cruzar la línea de llegada y oír que Jesús le dice: "¡Hiciste bien, siervo bueno y fiel!".

La resiliencia no sucede por accidente. Debemos ser intencionados. Oremos por la gracia de ser deliberados en cuanto a mantener nuestros ojos en la meta.

Elabore su plan de entrenamiento espiritual ahora y planifique comenzar su entrenamiento ¡mañana!

Señor, sé que hay momentos en los que no sentiré que estoy avanzando. Habrá momentos en los que voy a querer abandonar. Ayúdame a mantener los ojos en la línea de llegada. Permíteme enfocarme en la meta para no darme por vencido, de modo que persevere hasta el fin, en el nombre de Jesús. Amén.

Capítulo 19

RAÍCES A PRUEBA DE PUTREFACCIÓN

En muchos lugares en todo el Nuevo Testamento, las metáforas se utilizan para comparar el crecimiento espiritual con la vida vegetal. Aquí tenemos un gran ejemplo en el Evangelio de Juan:

> Yo soy la vid verdadera, y mi Padre es el labrador. Toda rama que en mí no da fruto, la corta; pero toda rama que da fruto la poda para que dé más fruto todavía. Ustedes ya están limpios por la palabra que les he comunicado. Permanezcan en mí, y yo permaneceré en ustedes. Así como ninguna rama puede dar fruto por sí misma, sino que tiene que permanecer en la vid, así tampoco ustedes pueden dar fruto si no permanecen en mí. Yo soy la vid y ustedes son las ramas. El que permanece en mí, como yo en él, dará mucho fruto; separados de mí no pueden ustedes hacer nada. El que no permanece en mí es desechado y se seca, como las ramas que se recogen, se arrojan al fuego y se queman. Si permanecen en mí y mis palabras permanecen en ustedes, pidan lo que quieran, y se les concederá. Mi Padre es glorificado cuando ustedes dan mucho fruto y muestran así que son mis discípulos.
> —Juan 15:1-8

Al hablar de la vid, las ramas y la poda, Jesús nos da una lección sobre la salud espiritual y la importancia de estar conectados a él. Es asombroso lo perjudicial que puede ser para nuestro propio crecimiento espiritual eliminar estas metáforas.

Salmos 1:3 afirma que podemos ser como el árbol plantado junto a corrientes de aguas. Si le preguntara a la mayoría de la gente: "En su caminar de fe, ¿le gustaría ser tan fuerte como ese árbol?". Ellos dirían: "Sí". El árbol es una imagen de la resiliencia. Sin embargo, no es raro que incluso los árboles enormes sean derribados por las grandes tormentas. De hecho, en nuestro campo en el este de Texas, hemos tenido robles gigantes literalmente arrancados mientras que otros árboles han permanecido firmes al lado de ellos.

Una buena pregunta para planteárnosla nosotros mismos es: "¿Cómo voy a lucir después de la tormenta?". Las tormentas vendrán y cuando vengan, ¿vamos a ser nosotros también arrancados y partidos en dos? ¿O hemos aprendido cómo estar parados y firmes? ¿Tratamos de "hacernos fuertes" sólo cuando viene el viento y comienza la tormenta? ¿O estamos entrenando para tener fuerza con el tiempo?

¿Por qué unos árboles caen y otros no? ¿Por qué es que ciertos seguidores de Cristo sucumben a la tormenta, mientras que otros no? Las respuestas a estas preguntas son clave para entender la resiliencia.

¿QUÉ TIPO DE ÁRBOL ES USTED?

Según el Salmo 1, vamos a ser como el árbol plantado junto a corrientes de aguas. Analicemos varios tipos de árboles, evaluemos sus fortalezas y debilidades, y veamos cómo se relacionan con diversos "tipos" de cristianos.

Árboles de madera blanda

Estos son pinos o balsas. Por lo general son grandes árboles. Crecen rápidamente, pero no tienen verdadera fuerza. No se puede construir mucho con ellos. Algunos cristianos son como los árboles de madera blanda. Han estado alrededor por mucho tiempo, pero en el interior están suaves; no tienen fuerza. No se puede construir nada con ellos.

Árboles basura

Estos son almeces y otras especies que, en realidad, son malezas frondosas. Crecen lo más rápido, pero tienen la vida útil más corta. Las únicas cosas para las que son realmente buenos son para sombra y adorno. Así es como son algunos cristianos. Sólo son buenos para

Raíces a prueba de putrefacción

el espectáculo. Sus bocas ruidosas están llenas de clichés cristianos, pero no logran raíces profundas, por lo que mueren finalmente.

Árboles espinosos

Tienen hojas adhesivas, desagradables. Algunos de ellos son pegajosos. Algunos tienen espinas que se pegan y clavan cuando uno pasa por el bosque. Otros tienen vainas con semillas puntiagudas que caen y se sienten como de vidrio cuando uno las pisa. Los árboles espinosos tienen imperfecciones gigantes que le pueden hacer daño. Algunos cristianos son como estos árboles. Tienen imperfecciones gigantes en su carácter que dañan a otras personas. Sus palabras y sus acciones hieren. El fruto de su vida es el dolor que causan a los demás. Debemos preguntarnos si tenemos algunas aberraciones gigantes que están hiriendo a las personas.

Árboles bebés

Todos sabemos que tan pronto como plantamos los árboles, lo más inteligente es poner dos o tres palos o postes alrededor de ellos con alambres guía para mantenerlos derechos. Así, cuando llegan las tormentas los árboles no salen volando. Algunas personas piensan que van la milla extra, dejando los postes y los alambres guía hasta por dos a cuatro años en vez de uno solo. Creen que están ayudando a sus árboles, pero en realidad los están perjudicando. Después que al fin eliminan los soportes, los árboles que tuvieron los soportes por demasiado tiempo a menudo se quiebran en dos o son arrancados cuando llega la primera tormenta.

Hay algo acerca de la resistencia del viento y las tormentas que hace fuertes a los árboles. El cultivador sabio quita los alambres que sostienen al árbol después de un año. Entonces, a medida que llegan las tormentas más pequeñas, los árboles crecen y forjan la resistencia en sus raíces para que no sean soplados fácilmente. También forjan resiliencia en sus troncos, por lo que no se quiebran fácilmente. Muchos cristianos son como los árboles bebés. Se contentan con tener alambres que los sostienen, pero han estado "en el invernadero" demasiado tiempo. Temen a las tormentas. Tratan de esquivarlas. Nunca han aprendido a resistir los vientos de la tentación cuando viene el enemigo. Ellos nunca han tenido que desarrollar una columna vertebral. Usan "muletas espirituales" para el resto de sus vidas. Es el momento para todos nosotros de crecer y quitar nuestros alambres guía. Es hora de dejar que nuestras raíces crezcan a profundidad para que podamos soportar las tormentas de la vida.

Árboles con ramas muertas

Algunos árboles están llenos de ramas secas. Poco después de mudarnos a Texas, desperté un día y encontré la ventana trasera de mi coche golpeada por una gran rama seca que había caído desde lo alto de un árbol. Jesús mencionó que las ramas infructuosas necesitan ser recortadas (Juan 15:2), pero muchas personas llevan por todas partes ramas muertas consigo. Hay áreas donde no están dando frutos o aspectos y hábitos malos que hieren a otras personas. Esas obras infructuosas de la carne están causando destrucción en las vidas de otras personas. Tenemos que mirarnos a nosotros mismos y preguntarnos: "¿Hay ramas muertas que tengo que cortar de mi vida?" ¿Tiene usted ramas vivas que necesitan ser podadas? Jesús dijo que aun las plantas fructíferas se recortan con el fin de hacerlas más fructíferas. Eso es cierto con casi todas las plantas: arbustos, rosales y árboles frutales. Cuando usted las recorta, brotan más. Florecen más. Llevan más fruto. Dejarlas crecer de la manera que ellas quieran, simplemente, no es de ayuda. Podarlas y guiar su crecimiento sí lo es. A eso es que Jesús se estaba refiriendo en Juan 15. Dios quiere podar sus áreas fructíferas para que puedan ser aun más fructíferas.

PUDRICIÓN DE LA RAÍZ

Los árboles necesitan un buen sistema radicular para crecer y mantenerse fuertes. Es imperativo que los agricultores presten mucha atención a ese sistema. En Mateo 13:5-6, Jesús habló de las plantaciones que carecen de profundidad en el suelo y de las raíces adecuadas. Estaba hablando de la importancia de que los cristianos tengan raíces profundas y que no sean distraídos fácilmente por los afanes de este siglo.

Echemos un vistazo a los problemas que impiden el crecimiento de unas raíces sanas.

Problemas de raíz

Debido a que muchos árboles no tienen el suelo adecuado, desarrollan lo que se llama "espacio de la raíz". Puede haber una nutrición insuficiente en el suelo o exceso de hierro. A veces las raíces simplemente no se extienden hacia abajo tan profundamente como lo necesitan. Pueden haber sido regadas en exceso, lo que las satura y hace que se pudran. Tal vez las raíces nunca penetraron en el suelo y sólo continuaron en la superficie.

He visto fotos asombrosas de árboles que crecen, literalmente, en los lados de las montañas y en las rocas en el Gran Cañón y otros lugares. ¡Qué hermoso es ver las raíces penetrar la roca para alcanzar la nutrición que requieren! La pregunta es: ¿Están sus raíces profundas en la roca de Cristo? ¿Tiene las condiciones adecuadas en el suelo que le rodea para que su sistema radicular pueda crecer bien, de modo que pueda desarrollarse como un árbol fuerte en este mundo?

> ¿Están sus raíces profundas en la roca de Cristo? ¿Tiene las condiciones adecuadas en el suelo que le rodea para que su sistema radicular pueda crecer bien, de modo que pueda desarrollarse como un árbol fuerte en este mundo?

Gálatas 5:22-23 habla sobre el fruto del Espíritu: amor, alegría, paz, paciencia, amabilidad, bondad, fidelidad, humildad y dominio propio. Tenga en cuenta que los árboles frutales no tratan de producir frutas. Sencillamente las producen puesto que son árboles frutales. Si se plantan en buena tierra, el fruto crece naturalmente. Muchos de nosotros los cristianos estamos obligándonos a nosotros mismos a ser pacientes y amables en vez de pensar profundamente en cuanto a dónde están nuestras raíces y qué tipo de nutrición están absorbiendo. Tenemos que cuestionar lo que estamos escuchando y lo que estamos ingiriendo. Esas son las cosas que afectan nuestra salud, pero suceden bajo la superficie y no son evidentes para los demás. Así que, ¿está usted creando las condiciones para el crecimiento espiritual en su vida? ¿Qué está escuchando? ¿Qué está viendo? ¿Con quiénes está saliendo? ¿Cómo alimenta su alma? ¿Qué libros está leyendo? ¿Cómo está gastando su tiempo? Cuándo atienda a esas cosas correctamente, se convertirá en un árbol plantado junto a corrientes de aguas.

Plagas

Los enemigos y los intrusos pueden comerse su camino hacia el sistema radicular. Uno de los mayores enemigos de los grandes árboles es una de las criaturas más pequeñas: la hormiga carpintera negra. Esas hormigas pueden crecer hasta media pulgada (un centímetro y medio) de largo. He visto un ejército de ellas en mi propio patio. No se llaman hormigas carpinteras porque tengan martillos y clavos; se les llama hormigas carpinteras, porque se comen las entrañas de los árboles. Excavan su camino bajo la tierra hacia el sistema radicular y hasta el núcleo central del árbol. He visto árboles realmente morir como resultado de su contaminación. Cuando los árboles enfermos se cortan, se pueden ver túneles amplios de quince centímetros que han sido devorados por cientos de miles de hormigas. Ellas, literalmente, se comieron el corazón del árbol.

La pregunta es: ¿Tiene usted algunas hormigas negras comiéndose su núcleo? ¿Hay cosas que toleró porque no pensó que eran muy grandes hasta que ellas trajeron a todos sus amigos a comerse su fuerza?

Esas "plagas" vienen en todas formas y tamaños. Algunas son como los escarabajos de pino; pueden matar a todo un bosque de pinos. El problema es que los árboles afectados se ven fuertes en el exterior, hasta el fin. Luego viene una tormenta y se parten en un instante. Algunos mueren más gradualmente. Algunos cristianos también están muriendo poco a poco, muriendo por lo que han permitido que viva dentro de ellos. Así como una pequeña hormiga puede matar a un gran árbol, el más pequeño de los pecados o hábitos puede matarlo a usted. A pesar de que usted esté haciéndose más fuerte en el Señor, a pesar de que sus raíces sean fuertes, todavía tiene que estar en busca de las plagas que el enemigo de su alma envía para tratar de destruirlo. Insectos, pecados y engaños están tratando de alejarlo a usted. Las tormentas vendrán, pero lo que le sucede a usted depende de lo que esté haciendo en este momento, cuando no hay tormenta. Pregúntese: ¿Por qué unos caen y otros se mantienen firmes? Ninguno de ambos resultados es accidental. Los que se mantienen erguidos están decididos a conseguir que sus raíces lleguen a lo más profundo. Por la gracia de Dios encuentran la fortaleza de él para defenderse de los enemigos que tratan de corroer su núcleo.

Usted puede ser el árbol del Salmo 1, que está firmemente plantado junto a corrientes de aguas. Usted fue creado para ser un árbol fuerte con un sistema radicular sano. Usted puede resistir todas las tormentas y apartar todo enemigo. Usted es resistente.

Vuélvase resistente

- Usted puede resistir todas las tormentas si permanece conectado a Cristo, la vid. Permítase ser podado y dará mucho fruto.

- Averigüe qué tipo de árbol es usted y determine ser plantado junto a corrientes de aguas.

- No se esfuerce por producir fruto; permítase ser fructífero porque usted fue diseñado para dar fruto en él.

Comprométase a tener un sistema radicular sano. Rechace tolerar condiciones y plagas que lo debiliten con el tiempo. Desarrolle hábitos que forjen su fuerza espiritual.

Señor, lo siento por no prestar atención a dónde están mis raíces. Sé que si tienen las condiciones adecuadas voy a producir frutos para ti. Hoy, Señor, ayúdame a prevenir la putrefacción de la raíz poniendo los ingredientes correctos en mi corazón. En el nombre de Jesús. Amén.

PARTE 4:
LA FEROCIDAD DEL RESISTENTE

Estamos en este mundo caído, pero no somos de él. Para correr la carrera hasta el final tenemos que rechazar conscientemente las tendencias del mundo. Por la gracia de Dios debemos resistir la tentación de transigir o abandonar. Nosotros decidimos no ser contados entre los desertores que mirar por encima de la cerca para buscar una hierba más verde.

Los resistentes son un grupo feroz porque siguen al León de la tribu de Judá. Son implacables, no porque sean altos y poderosos, sino porque él es todopoderoso. Ellos aprenden la diferencia entre el rugido del cielo y el del impostor, por lo que terminan su trabajo mientras hay luz. Individualmente, y como pueblo, dejan un legado: *la resiliencia*.

Capítulo 20

HISTORIA DE DOS DESERTORES

L AS PERSONAS RESISTENTES son constantes. No salen huyendo a la primera señal de problemas, ni se alejan del redil cada vez que algo les molesta. Los resistentes saben cómo aguantar a largo plazo, porque se han entrenado para ello.

En este capítulo quiero contar dos historias impactantes de unos que no eran resistentes. Ellas ilustran el corazón del desertor. Una historia es de dos mil años de antigüedad. La otra comenzó en el siglo veinte. A pesar de los milenios que los separa, las historias son notablemente parecidas.

UN DESERTOR ANTIGUO

Jesús cuenta, en Lucas capítulo 15, la historia de un famoso desertor conocido como el hijo pródigo:

> Un hombre tenía dos hijos—continuó Jesús—. El menor de ellos le dijo a su padre: "Papá, dame lo que me toca de la herencia." Así que el padre repartió sus bienes entre los dos. Poco después el hijo menor juntó todo lo que tenía y se fue a un país lejano; allí vivió desenfrenadamente y derrochó su herencia.
>
> —LUCAS 15:11-13

El hijo pródigo desertó debido a asuntos no resueltos en su corazón. Él sabía que iba a recibir una herencia cuando su padre muriera, pero no estaba dispuesto a esperar tanto tiempo. Estaba impaciente, no sólo por obtener el dinero en efectivo, sino también por gastarlo.

Historia de dos desertores

> Cuando ya lo había gastado todo, sobrevino una gran escasez en la región, y él comenzó a pasar necesidad. Así que fue y consiguió empleo con un ciudadano de aquel país, quien lo mandó a sus campos a cuidar cerdos. Tanta hambre tenía que hubiera querido llenarse el estómago con la comida que daban a los cerdos, pero aun así nadie le daba nada. Por fin recapacitó y se dijo: "¡Cuántos jornaleros de mi padre tienen comida de sobra, y yo aquí me muero de hambre! Tengo que volver a mi padre y decirle: Papá, he pecado contra el cielo y contra ti. Ya no merezco que se me llame tu hijo; trátame como si fuera uno de tus jornaleros."
>
> —Lucas 15:14-19

El joven no estaba preparado para triunfar en casa e igualmente era incapaz de triunfar por su cuenta. Planeaba disfrutar de la vida (lo que hizo), pero pronto se encontró en una situación peor que los cerdos en el corral.

Su vida fue un desastre innegable, pero eso llamó su atención. Sucio y hambriento, se humilló a sí mismo y volvió a casa.

> Así que emprendió el viaje y se fue a su padre. Todavía estaba lejos cuando su padre lo vio y se compadeció de él; salió corriendo a su encuentro, lo abrazó y lo besó. El joven le dijo: "Papá, he pecado contra el cielo y contra ti. Ya no merezco que se me llame tu hijo." Pero el padre ordenó a sus siervos: "¡Pronto! Traigan la mejor ropa para vestirlo. Pónganle también un anillo en el dedo y sandalias en los pies. Traigan el ternero más gordo y mátenlo para celebrar un banquete. Porque este hijo mío estaba muerto, pero ahora ha vuelto a la vida; se había perdido, pero ya lo hemos encontrado." Así que empezaron a hacer fiesta.
>
> —Lucas 15:20-24

El hijo pródigo tomó la mejor decisión posible en una situación muy difícil. Admitió sus fracasos y reconoció su necesidad. Se humilló a sí mismo ante su padre, a quien había tratado anteriormente con mucha arrogancia. A pesar del daño que el hijo había causado, el padre le dio la bienvenida con los brazos abiertos.

Aunque carezcamos de resiliencia y hasta si fallamos miserablemente, tenemos un Padre que nos ama y anhela restaurarnos. Si somos humildes, la deserción no es el fin.

Un desertor moderno

La historia del hijo pródigo me recuerda a otro desertor acerca del cual leí no hace mucho tiempo. En 1965, un sargento del ejército con veinticuatro años de edad llamado Charles Robert Jenkins estaba estacionado cerca de la zona desmilitarizada entre las Coreas del Norte y del Sur. Jenkins había servido en las fuerzas armadas algún tiempo, pero los peligros de patrullar la frontera coreana comenzaron a ser más de lo que sentía que podía aguantar. Cuando se enteró de que no tardaría en ser enviado a Vietnam, sintió que tenía que hacer algo.[1]

Una noche después de beber diez latas de cerveza, el sargento Jenkins decidió desertar del ejército de Estados Unidos. Mientras estaba en un patrullaje nocturno, decidió hacer su movimiento. Les dijo a las tropas que estaban con él que siguieran delante. Mientras lo hacían, él se apartó y pasó a territorio de Corea del Norte.

El sargento Jenkins fue apresado de inmediato. En el fondo de su mente pensó que los norcoreanos lo cambiarían con Rusia, que luego lo deportaría a los Estados Unidos en algún tipo de canje de la Guerra Fría. Eso nunca sucedió. Al contrario, Jenkins permaneció prisionero de los norcoreanos durante cuarenta años.[2]

Jenkins soportó el abuso físico severo de los guardias de Corea del Norte y se vio obligado a aprender muy bien la propaganda comunista de sus captores. Durante siete años seguidos tuvo que estudiar los escritos del dictador de Corea del Norte ocho horas al día, una tarea que se hacía más difícil por el hecho de que estaba escrito en un idioma que no entendía. Nunca tuvo suficiente comida y, bajo las temperaturas gélidas de Corea del Norte, tampoco tuvo suficiente calor. Con el tiempo se casó con una mujer japonesa que había sido secuestrada por los norcoreanos. Ella le dio dos hijas,[3] las cuales él creía serían utilizadas como espías.[4]

A través de una larga serie de acontecimientos inesperados y negociaciones, Jenkins llegó a tener la oportunidad de volver a casa a los Estados Unidos. En septiembre de 2004, después de que se le permitiera ir a Japón para ser tratado de una enfermedad, se entregó en la base militar estadounidense allí. Para el momento de su rendición, había sufrido muchas pruebas y pagado muchos altos costos por sus decisiones de cuando era joven. Su deserción no resultó como había planeado. El daño que hizo en 1965 no podía ser deshecho. Las cosas fueron demasiado lejos y no había ninguna salida fácil. El sargento Jenkins, el desertor, tendría que hacerle frente a la justicia militar.

El alto costo de la deserción

Demasiados cristianos están "desertando" de su fe porque no han encontrado la columna vertebral para ser resistentes. Veamos lo que podemos aprender del hijo pródigo y del sargento Jenkins, lo cual nos impida hacer lo mismo.

Impacto en los demás

Tanto el hijo pródigo como el sargento Jenkins crearon dificultades para ellos mismos y para los demás. El pródigo desperdició una fortuna, sufrió la humillación y creó una fisura en su familia (Lucas 15:25-32). Antes de su deserción, Charles Robert Jenkins había servido suficiente tiempo y con bastante distinción como para liderar misiones de reconocimiento estadounidenses.[5] No era un nuevo recluta cuando decidió desertar. Había sido elevado a la categoría de sargento y tenía soldados bajo su influencia y control. Lo miraban como líder y símbolo de seguridad. Sin embargo, él los abandonó.

Muchas veces cuando las personas abandonan la fe, piensan: "Sólo se trata de mí y de mi fe. Mis decisiones no harán daño a nadie". No piensan en la gente que están observándolos y que son influenciados por sus decisiones. No consideran el impacto destructivo que pueden tener en la fe de otra persona.

¿Alguna vez ha conocido a alguien que haya estado siguiendo a Cristo por años y luego, por alguna razón, se desaparece de la fe? Pablo mencionó a alguien así en una de sus cartas a su protegido, Timoteo: "Demas, por amor a este mundo, me ha abandonado y se ha ido a Tesalónica" (2 Timoteo 4:10). Sin duda, la decisión de Demas afectó a otros. El hecho fue lo suficientemente importante como para que Pablo lo mencionara.

Debemos examinarnos nosotros mismos y preguntarnos: "¿Sobre qué fundación he construido mi fe? ¿Es el cristianismo de mis padres, o tengo una verdadera conexión con Dios? ¿Es mi fundación tan firme como creo que es o he perdido la perspectiva? ¿Estoy cumpliendo con formalidades a causa de lo que mi familia siempre ha hecho o hay un verdadero amor por Jesús encendido dentro de mí?".

Síndrome del "pasto más verde"

Tanto el hijo pródigo como el sargento Jenkins pensaron que el pasto era más verde al otro lado de la cerca. Para el hijo pródigo, la libertad y el dinero en efectivo parecían atractivos. Jenkins parecía pensar que estar en la cárcel en los Estados Unidos sería mejor que servir en el ejército. Por eso pensó: "Cualquier cosa tiene que ser mejor que lo que estoy pasando ahora. Todo lo que realmente necesito es llegar al otro lado".

El pasto del otro lado siempre se ve más verde, hasta que llegamos allá. Ese es el truco de Satanás. Nos atrae hacia el pecado convenciéndonos de que Dios está tratando de evitar que las cosas buenas vengan a nosotros. Eso es lo que hizo en el jardín del Edén. Siglos más tarde, trató de tentar a Jesús:

> De nuevo [a Jesús] lo tentó el diablo, llevándolo a una montaña muy alta, y le mostró todos los reinos del mundo y su esplendor.
>
> —Todo esto te daré si te postras y me adoras.
>
> —Mateo 4:8-9

Historia de dos desertores

Hacer tratos es uno de los métodos más efectivos de Satanás. Él sabe cómo hacer para que sus ofertas sean atractivas, especialmente para los que están sentados en la cerca o en busca de una salida. Pablo advirtió en cuanto a la habilidad de Satanás para engañar, diciendo que "Satanás mismo se disfraza de ángel de luz" (2 Corintios 11:14).

El problema es el siguiente: aquellos (incluidos los que están en las fuerzas armadas) que tienen corazones desertores ya están preocupados anhelando el otro lado. Están pensando y soñando todo el tiempo en saltar la cerca.

Incluso el hijo pródigo, cuando vivía en la casa de su padre, soñaba con el otro lado. Así es como son muchos que se llaman cristianos. Van a la iglesia. Incluso pueden leer sus Biblias y participar en las actividades cristianas. Pero están anhelando el otro lado. Están deseando poder asistir a esa fiesta, poder emborracharse, poder ver esa película, poder tener esa relación que saben que no es buena para ellos. Anhelan lo que está "afuera" y actúan como si estuvieran esclavizados a la fe, como si fueran caballos con frenos en sus bocas, obligados a hacer lo correcto. Todo el tiempo están pensando que sería mejor si llegaran al otro lado.

Cuando el hijo pródigo tenía una buena vida, anhelaba irse. Creo que la tragedia es que quería la herencia de su padre sin tener una verdadera relación con él. Eso es lo que también muchos de los llamados cristianos quieren. Quieren el amor, el perdón y la vida eterna, pero no quieren una relación con Dios. Como resultado, sueñan con el otro lado y creen que Dios está reteniendo algo para que no llegue a ellos.

El corazón de Charles Jenkins salió mucho antes de que él abandonara físicamente su puesto. El corazón del hijo pródigo se separó de su padre mucho antes de que le pidiera su parte de la herencia. Ninguno de los dos era resistente frente a la tentación.

Algunas personas se preguntan por qué no son resistentes cuando la vida las golpea con fuerza. En parte es porque no protegen su corazón como La Escritura dice que los creyentes deben hacerlo (Proverbios 4:23). Tenemos que guardar nuestros corazones y no divagar ni anhelar las cosas del mundo. Y si nos encontramos anhelando, debemos arrepentirnos y decir: "Dios, dame nuevos anhelos que sean puros y santos".

Si anhelamos el otro lado, inevitablemente pasaremos allá. Si nuestros corazones se van, es sólo cuestión de tiempo hasta que el resto de nosotros se vaya para encontrar los elusivos "pastos más verdes".

Lamentos

El sargento Jenkins "se dio cuenta casi de inmediato que cometió un error".[6] Cuando fue arrestado, fue vencido por el remordimiento. La ilusión que había engañado su corazón—acerca de una vida mejor, más libertad y salir de los militares—cayó con gran estrépito a su alrededor.

Lo mismo pasó con el hijo pródigo. Gastó toda su fortuna y quedó sin nada, nada. Tener dinero y la llamada libertad no hizo su vida mejor. Las cosas se pusieron tan mal que se encontró deseando comer bazofia con los cerdos.

> Si anhelamos el otro lado, inevitablemente pasaremos allá. Si nuestros corazones se van, es sólo cuestión de tiempo hasta que el resto de nosotros se vaya para encontrar los elusivos "pastos más verdes".

La Escritura dice que el hijo pródigo, "volvió en sí" (Lucas 15:17, RVR1960) La Nueva Versión Internacional dice que "por fin recapacitó". Finalmente las anteojeras cayeron y se dio cuenta: "¡Hombre, metí la pata!".

Este es el punto en el que la mayoría de los desertores tienen la oportunidad de dar la vuelta, como hizo el hijo pródigo. Por desdicha dar la vuelta no siempre es instantáneo. Una vez que el sargento Jenkins se dio cuenta de que había tomado la peor decisión de su vida, no hubo salida fácil. Le tomaría casi cuarenta años regresar a la custodia estadounidense.

La vida empeora

Charles Jenkins pensó que era malo estar arrestado, pero su situación siguió empeorando. Fue mantenido en prisión, obligado a recitar mantras comunistas en coreano, a pesar de que no sabía ese

Historia de dos desertores

idioma. Si cometía un error, lo golpeaban. Si no podía memorizar la cantidad especificada, también lo golpeaban. Además de preocuparse por su propio bienestar en Corea del Norte, temía por su esposa e hijas. Sospechaba que el matrimonio había sido arreglado para producir hijos que parecieran más americanos, los que podrían ser convertidos en espías.[7] En las casi cuatro décadas en Corea del Norte, Jenkins no encontró paz.

El pecado siempre pasa factura. La Escritura dice en Gálatas 6:8: "El que siembra para agradar a su naturaleza pecaminosa, de esa misma naturaleza cosechará destrucción". No importa qué tan prometedor se vea el otro lado, o cómo se vista el enemigo, la vida siempre es peor para los desertores. Puede que no ocurra de inmediato, pero ocurre.

El sargento Jenkins trató de hacer una vida por sí mismo en la cárcel. Estaba casado con una mujer que había sido secuestrada de su país natal Japón y tuvieron dos hijas. Aunque su matrimonio fue arreglado por el gobierno de Corea del Norte, parece que trataron de hacer una pseudovida.

Eso sucede muy a menudo. Cuando desertamos, racionalizamos y tratamos de hacer lo mejor del hueco infernal en el que nos metimos. El pecado se vuelve un sustituto del gozo verdadero. Terminamos haciéndonos nosotros mismos una vida en el chiquero y decimos: "¡Ah, la bazofia no es tan mala!".

Todo el tiempo estamos en esclavitud.

La mayoría de las personas sin Jesús usualmente viven de esa manera. Hablan de todas las grandes cosas que suceden en sus vidas. Se jactan de sus autos, casas, trabajos, familias y todas las aventuras y emociones que disfrutan. Tratan de hacer que luzca bien, pero es todo lo que tienen.

Es un poco más fácil entender cómo la gente sin Jesús vive de esa forma. Es más inquietante cuando las personas que se llaman a sí mismos cristianos crean pseudovidas en tierras "extranjeras". Se trata de personas que "hicieron una oración", pero están viviendo sin la bendición de Dios en sus vidas. Han llenado sus mentes con excusas acerca de por qué es correcto hacer lo que quieran. Desafían la evidencia en la Escritura de que no es lo que Dios quiere para ellos. Continúan fingiendo que la vida en el corral de cerdos es buena.

Más falsas promesas

Cuando usted toma el anzuelo del enemigo y conviene en convertirse en desertor, él continúa engañando. Una vez que lo tiene a usted donde quiere, va a hacer casi cualquier cosa para mantenerlo allí. Cuando las peticiones internacionales crearon una vía para que el sargento Jenkins y su familia dejaran Corea del Norte, le prometió a Pyongyang que regresaría. Ellos a su vez le prometieron una lista de beneficios que superaron con creces todo lo que él había disfrutado alguna vez en Corea del Norte.[8]

Ellos sabían que él nunca querría volver, por lo que se mantuvieron haciéndole una promesa tras otra. Eso es exactamente lo que hace el enemigo, y con demasiada frecuencia creemos la mentira. Nos arrepentimos y salimos de la prisión que hicimos para nosotros mismos, entonces, al igual que el perro vuelve a su vómito (Proverbios 26:11), vamos a empezar a pensar: "No fue tan malo. Salió aceptable después de todo". Nos olvidamos del horror y el quebrantamiento en el que nos encontramos y nos abrimos para más de lo mismo. Con demasiada frecuencia, nos encontramos volviendo una y otra vez a aquello que nos destruye en primer lugar. Eso no debe ser.

Resistentes de la vida real: Cristianos norcoreanos regresan a casa

Las perspectivas para los cristianos que viven en Corea del Norte son cualquier cosa menos buenas. Si se descubre su fe, están condenados a vivir en uno de los campos prisioneros de la nación (entre los más brutales en el mundo) o a ser ejecutados. No hay duda de que para los cristianos norcoreanos, la vida se ve más verde al otro lado de la zona de distensión.

Sorprendentemente, algunos cristianos que escaparon de la

tiránica nación han sentido un fuerte llamado de Dios para volver a Corea del Norte, para difundir el mensaje del evangelio. Arriesgan todo para hablar de Jesús con el pueblo de Corea del Norte.

La siguiente es parte de una oración que un creyente a punto de regresar a Corea del Norte pronunció:

"Por favor, provéeme tu poder y tu sabiduría, para que pueda predicar tu amor a la gente de mi país y ayudarles a que vivan de acuerdo a tus palabras. Por favor, ayúdanos a aceptar tus palabras y guía nuestras vidas sin ningún temor ni preocupación... Regresaré a Corea del Norte sin ningún temor ni preocupación. Porque Dios está conmigo".[9]

Siempre hay esperanza

El 11 de septiembre de 2004, el sargento Jenkins se entregó al Ejército de Estados Unidos en Camp Zama, Japón. Sabía que enfrentaba consecuencias por su deserción, pero ya no veía el pasto más verde en la parte norcoreana. "'Había hecho mi paz con el Ejército de Estados Unidos", dijo Jenkins después de su liberación, 'y ellos me trataron de modo muy justo'".[10]

Jenkins ya no estaba preocupado por sus propias necesidades. Cuando se le preguntó acerca de sus hijas, respondió: "Acabo de pasar veinticinco días en la cárcel. En realidad, todavía no he tenido la oportunidad de hablar mucho con ellas. Pero creo que van a estar bien". Y empieza a sollozar. "Hice un gran desastre de mi vida, pero conseguir sacar a mis hijas de allí fue la única cosa buena que hice".[11]

Jenkins sabía que, técnicamente hablando, podría haber sido condenado a muerte. No lo fue y la sentencia que recibió fue mínima. Él no se opuso a la encarcelación. Aceptó el castigo como un precio justo por la paz de finalmente tomar decisiones correctas. Su actitud era similar a la del hijo pródigo, que dijo: "Yo no merezco ser llamado hijo tuyo, sólo me gustaría ser un esclavo en tu casa si pudiera".

Esta es la actitud que debemos tener cuando volvemos de nuestra deserción.

Vuélvase resistente

Vamos a tapar el tema de la deserción con algunos puntos clave que pueden ayudarnos a identificar y corregir cualquier tendencia a perseguir cualquier cosa que pensemos que vemos en el otro lado de la cerca:

- *El corazón de un desertor sólo quiere beneficios, sin relación.* El hijo pródigo quería las cosas de su padre, no una relación con él. Se sintió atraído por las bendiciones, pero agobiado por la responsabilidad. Este es un enfoque mundano de la vida y el mundo continuamente se burla de nosotros con él. A fin de no ser engañados por él, tenemos que examinar nuestros corazones y exponer cualesquier tendencia a desertar. Tenemos que reconocer que el momento en que comenzamos a anhelar el otro lado, el enemigo obrará para acercarnos.

- *El corazón de un desertor produce inevitablemente la vida de un desertor.* Algunas personas que ya han desertado en sus corazones están buscando cualquier excusa para dejar su fe. Si una oración no es contestada o un cristiano los decepciona, se van. Si usted se encuentra anhelando el lado "más verde", arrepiéntase, y de inmediato. Incluso mientras anhela satisfacerse con los placeres engañosos, pídale a Dios que le dé un corazón que anhele lo que es puro y santo. Si arresta a su corazón desertor, no lo seguirá hasta el otro lado. (Recuerde que los creyentes suelen tener corazones que anhelan a Dios. Es la carne la que anhela el mal; eso es de lo que Dios tiene que limpiarnos).

- *Un desertor que regresa debe tener un corazón verdaderamente arrepentido,* diciendo: "Las ramificaciones no importan. No importa qué precio tengo que pagar, debo volver". La pregunta es: "¿Cuándo?". Si descubrimos que tenemos un corazón desertor, o si ya estamos viviendo un estilo de vida así, ¿cuánto tiempo vamos a permanecer en el chiquero antes de decidirnos a abandonarlo? ¿Va a llevarnos cuarenta años como al sargento Jenkins? ¿O va a empezar ahora? ¿Tememos tanto a las repercusiones que nos esperan que preferimos quedarnos en el chiquero? ¿O creemos que la renovación de nuestra relación con el Padre es la decisión más importante y digna que podemos hacer?

Ninguno de nosotros es totalmente inocente en esta área. Cada uno de nosotros experimenta con el tiempo una situación en la que desertar parece la solución más fácil. Gracias a Dios tenemos un Sumo Sacerdote que nos rescatará con gracia si se lo pedimos. Deje que la siguiente oración abra la puerta de su corazón y provea la ayuda de él:

Señor, perdóname porque a veces anhelo el otro lado. Perdóname por ser engañado por el enemigo y por pensar que la vida sin ti (y fuera de tu voluntad) es una opción más atractiva que servirte. Señor, guarda mi errante corazón para que pueda ser exclusivamente tuyo. Perdona mi estilo de vida desertor. ¡Me arrepiento! Acudo corriendo de nuevo a ti. Que mi corazón siempre sea verdadero, en el nombre de Jesús. Amén.

Capítulo 21

EL RUGIDO DEL LEÓN

Hace varios años mi familia y yo hicimos un viaje misionero a África. Pasamos un tiempo en Kenia en territorio masai, donde se realizan muchos grandes safaris. De las cuarenta y dos tribus de Kenia, los masai han logrado aferrarse a su cultura. Su vestimenta característica y su habilidad como cazadores-guerreros son legendarias. Son un pueblo nómada que vive en constante peligro de ser atacado por las fieras. Los guerreros masai son entrenados para luchar contra esos animales, incluyendo el más temido: el león.

En la actualidad, ¡algunos masai están acudiendo a Cristo! El pastor David, nuestro guía turístico en Kenia, es un antiguo guerrero masai. Lo que aprendí de él sobre la formación guerrera de la tribu fue a la vez impactante y revelador.

Cuando los varones masai son pequeños, son entrenados para resistir el dolor. Los adultos les cortan los dientes de leche intencionalmente y les dicen que no pueden llorar ni quejarse por el malestar. Si lo hacen, serán golpeados. Cuando se hacen mayores, algunos siguen con dientes partidos. Una vez más, no deben llorar ni retroceder, o van a ser golpeados.

Los chicos también tienen sus oídos perforados con varillas al rojo vivo. Si lloran o gritan, los golpean. Cuando otra parte de la piel es ritualmente quemada con el metal al rojo vivo, se aplican las mismas reglas. No se permite encogerse del dolor ni llorar. Cuando los jóvenes tienen trece o catorce años de edad, son circuncidados frente a la tribu. Como siempre, si gritan o se quejan serán sujetos a fuertes palizas.

Todos esos rituales están diseñados para preparar a los jóvenes

El rugido del león

guerreros a soportar el dolor, la lucha y los desafíos. El objetivo final es dotar a cada uno de ellos para que prevalezca sobre el temido león. Ellos deben estar dispuestos a soportar lo que sea necesario para proteger la aldea del rey de las bestias.

Uno de los últimos pasos para convertirse en guerrero masai viene cuando los jóvenes y los ancianos dejan la tribu por un período de tres meses en el bosque. Allí, comen vacas, hierbas y se les enseña a matar leones con nada más que sus propias manos, un palo, una lanza y una espada.

Usted podría preguntarse, como lo hicimos nosotros: "¿Cómo se puede matar un león con un palo, una lanza y una espada?". Esa fue la pregunta que le suplicábamos al pastor David que respondiera. Nos explicó que como parte de los tres meses de entrenamiento, a cada guerrero potencial se le exige que se enfrente a un león y lo mate o mutile, o que muera o sea mutilado. Cada guerrero masai ha hecho eso.

Los jóvenes aprendices deben escuchar por la noche para localizar y rodear a un león en la selva. Un alumno es seleccionado para enfrentarse a la bestia. El joven guerrero en entrenamiento típicamente sostiene su lanza en la mano izquierda. El palo es de unos treinta centímetros de largo y tiene una punta afilada en cada extremo. La bestia ha aprendido a temer a la lanza, por lo que se salta a la mano que la lleva, que es típicamente la izquierda. En ese momento, el luchador debe cambiar de mano. Ahora el palo está en la mano izquierda y la lanza está en su derecha.

A medida que el león se mueve para reprimir la mano izquierda, el joven mete el palo en la boca del león. Ahora la boca del león está abierta con una punta afilada en la parte superior y otra en la parte inferior. Mientras tanto, el joven guerrero en entrenamiento usa su mano derecha para arponear con la lanza al león en el cuello o el corazón. En ese momento, el león dudará y se retirará por un minuto. Entonces el aspirante a guerrero toma su espada y rebana los lomos del animal hasta que se desangra.

Para la mente occidental, el ritual parece brutal. Para los masai es esencial para sobrevivir. Es una increíble hazaña de coordinación entre la mano y la vista.

Una vez que ha vencido al león, el joven ha alcanzado la posición de guerrero masai y se le permite volver a la aldea y ¡elegir a una joven como su esposa!

Qué coraje. Qué fuerza. Qué *resiliencia*.

La lucha contra el león impostor

Creo que este es el espíritu guerrero que el Señor quiere desarrollar en todo seguidor de Cristo. La Escritura nos dice que Jesús es "el León de la tribu de Judá" (Apocalipsis 5:5). Él es fuerte. Es feroz. Y está buscando que nuestra columna vertebral crezca y que odiemos al diablo.

Las Escrituras dicen: "Su enemigo el diablo ronda como león rugiente, buscando a quién devorar" (1 Pedro 5:8). El diablo imita a Cristo, personificando al león. A menos que estemos entrenados para tener una columna vertebral de guerrero como el León de la tribu de Judá, podríamos ser fácilmente intimidados por el impostor. Podríamos oír su rugido y olvidar quiénes somos.

Estamos llamados a hacer frente a este "león", pero ¿cómo? Y ¿cómo podemos derrotarlo? ¿Cómo nos preparamos para hacerles frente a los leones de la tentación y la intimidación? La única forma de hacerlo es que nos entrene el León de la tribu de Judá, Jesús. Tenemos que aprender a aguantar el dolor, crecer fuertes, ser estratégicos y pensar. Debemos prepararnos para protegernos a nosotros mismos y a nuestras familias de este mundo. Tenemos que recuperar todo lo que el diablo nos ha robado.

> A menos que estemos entrenados para tener una columna vertebral de guerrero como el León de la tribu de Judá, podríamos ser fácilmente intimidados por el impostor.

No podemos hacer esto por accidente. Debemos ser entrenados. Debemos desarrollar una columna vertebral, odiar al pecado, amar lo que es verdadero y resistir al diablo para que huya (Santiago 4:7).

El rugido del león

Es interesante observar que en la cultura masai, se requiere que todos los niños sean guerreros. No es voluntario. Es obligatorio. De alguna manera en nuestra fe cristiana pensamos que es opcional aprender a resistir al enemigo y ser fuertes en el Señor. Muchos creemos que sólo unos pocos cristianos de élite están obligados a dar la batalla y a ser resistentes. La realidad es que todos tenemos que estar entrenados para enfrentar al león impostor que acecha y trata de devorarnos a todos. Si no aprendemos a luchar, seremos devorados.

EL LEÓN Y EL CORDERO

Jesús es el León de la tribu de Judá y el "Cordero de Dios, que quita el pecado del mundo" (Juan 1:29, RVR1960). ¿Cómo es posible ser a la vez león y cordero? Los corderos son compasivos y humildes en su conducta. Los leones no son para nada como los corderos.

Jesús fue movido a compasión al ver a su pueblo disperso como ovejas sin pastor (Mateo 9:36). Él es manso, humilde de corazón y se preocupa por nosotros. Jesús también rugió como un león. Usted puede ver la fiereza de sus convicciones en una serie de situaciones. Acusó a los judíos de hacer la casa de su Padre una cueva de ladrones. (Ver Juan 2:16; Mateo 21:13.) También les dijo a los escribas y a los fariseos: "sois semejantes a sepulcros blanqueados...llenos de huesos de muertos" (Mateo 23:27, RVR1960). Jesús no oculta su desprecio por la hipocresía de dos caras que tiene la gente de aspecto religioso.

Las Escrituras dicen otras cosas acerca de Jesús. Afirman que él "sufrió la cruz, menospreciando el oprobio" (Hebreos 12:2, RVR1960). En nuestro nombre, soportó los azotes, la burla y el dolor, y reveló su calmada dignidad en el proceso. Piense en eso: Jesús colgó en la cruz por seis horas, pero apenas habló un total de sesenta segundos durante ese lapso.

Considere la dignidad de las declaraciones que Jesús hizo mientras sufría:

1. "Padre, perdónalos, porque no saben lo que hacen" (Lucas 23:34).
2. "Te aseguro que hoy estarás conmigo en el paraíso" (Lucas 23:43).
3. "Mujer, he ahí tu hijo... He ahí tu madre" (Juan 19:26-27, RVR1960).
4. "Dios mío, Dios mío, ¿por qué me has desamparado?" (Mateo 27:46, RVR1960).
5. "Tengo sed" (Juan 19:28).
6. "Consumado es" (Juan 19:30, RVR1960).
7. "¡Padre, en tus manos encomiendo mi espíritu!" (Lucas 23:46).

Así es como nos mantenemos firmes. Así es como somos resistentes: con calmada dignidad y confianza en nuestro Dios. La Escritura dice que no hemos resistido el pecado al punto de derramar nuestra sangre (Hebreos 12:4). Pensamos que estamos luchando duro contra el pecado, pero no hasta la muerte. La Escritura nos dice que soportemos como soldados. Hebreos 12:7 dice: "Lo que soportan es para su disciplina, pues Dios los está tratando como a hijos. ¿Qué hijo hay a quien el padre no disciplina?".

Cuando nos enfrentamos a situaciones difíciles, podemos optar por verlas como períodos de disciplina, nuestro entrenamiento para ser resistentes. Nótese que dije disciplina, no castigo. Esta disciplina nos está haciendo mejores, como la disciplina de hacer ejercicios o la disciplina de correr. ¡Nos está poniendo en forma para aguantar! En lugar de sentir lástima por nosotros mismos y quejarnos de nuestro dolor, podemos ver que nuestro entrenamiento nos está haciendo mejores.

Los guerreros masai en entrenamiento entienden y soportan una fuerte disciplina. ¡Los prepara para enfrentarse a los leones en el combate cuerpo a cuerpo! A medida que nos enfrentamos a tiempos difíciles en nuestras vidas, estamos haciendo lo mismo: estamos aprendiendo a derrotar al que nos acecha, el que trata de destruirnos.

Jesús nos dijo que perseveráramos hasta el fin (Mateo 24:13, RVR1960). Él sabía que íbamos a necesitar una columna vertebral. Sabía que necesitaríamos valor. Él entendió que íbamos a sufrir penurias, falsos profetas, tentaciones y posible tortura. Que habría problemas en nuestros matrimonios y que tendríamos que aprender a resolver las cosas en nuestras otras relaciones. Que enfrentaríamos dificultades con nuestros hijos y con la vida en general.

Jesús sabe lo que está por delante. Él dice: "Escucha, debes tener una espina dorsal si vas a seguirme. Tienes que ser resistente. Necesitas valor. Olvídate de tus necesidades débiles. Aprende de mí. Sé fuerte en mí".

Ser resistente no se trata de cuán grandes somos nosotros, sino de cuán potente es él. Me encanta lo que dice Pablo en 2 Corintios 4:7-11:

> Pero tenemos este tesoro en vasijas de barro para que se vea que tan sublime poder viene de Dios y no de nosotros. Nos vemos atribulados en todo, pero no abatidos; perplejos, pero no desesperados; perseguidos, pero no abandonados; derribados, pero no destruidos. Dondequiera que vamos, siempre llevamos en nuestro cuerpo la muerte de Jesús, para que también su vida se manifieste en nuestro cuerpo. Pues a nosotros, los que vivimos, siempre se nos entrega a la muerte por causa de Jesús, para que también su vida se manifieste en nuestro cuerpo mortal.

Pablo dijo: "Estoy presionado, pero no estoy aplastado. Estoy soportando algunos tiempos difíciles, pero no me han destruido. Tengo el fuego y la vida de Dios quemando dentro de mí".

LA REALIDAD DEL DOLOR

Una de las cosas que aprendí después de mi segundo maratón fue lo real del dolor. A pesar de que comenzó varias millas después de empezada la carrera, el dolor era insoportable a cada paso. Tenía la esperanza de estar en tan buena forma que no habría ningún dolor en absoluto, así que presioné mucho más en mi entrenamiento para el maratón número dos. Sin embargo, al hablar con otros maratonistas que tenían mucha más experiencia que yo, me di cuenta de que cada corredor de maratón padece dolor. No se puede completar una carrera sin dolor. Cualquier profesional o atleta olímpico tiene que lidiar con eso. Nunca se puede eliminar el dolor; hay que aprender a manejarlo. Usted tiene que encontrar la manera de manejar su mente y corazón. ¿Cómo se prepara para que cuando el dolor y otros problemas vengan pueda enfrentarlos?

Prepararse para el dolor es difícil porque estamos consumidos con la idea de evitar cualquier cosa y todo lo que sea incómodo. Nos hemos convertido en expertos contra el dolor. Pensamos que evitarlo es un signo de fortaleza. La verdadera fuerza se encuentra en ser resistente. Ese tipo de fuerza no es bulliciosa, odiosa ni arrogante. Es un tipo de fuerza controlada, o lo que la Escritura refiere como mansedumbre.

¿Se acuerda cuando un pueblo de samaritanos rechazó el mensaje de Jesús que sus discípulos quisieron tomar represalias? Lucas 9:54-56 dice:

> Cuando los discípulos Jacobo y Juan vieron esto, le preguntaron:
> —Señor, ¿quieres que hagamos caer fuego del cielo para que los destruya?
> Pero Jesús se volvió a ellos y los reprendió. Luego siguieron la jornada a otra aldea.

¿Recuerda cuando Jesús fue arrestado y su discípulo le cortó la oreja a un hombre? Jesús no estaba buscando la protección humana. Él le preguntó: "¿Crees que no puedo acudir a mi Padre, y al instante pondría a mi disposición más de doce batallones de ángeles?" (Mateo 26:53). Él estaba diciendo: "Mira, yo tengo el poder, pero no lo estoy ejerciendo". En el Evangelio de Juan, él dejó muy claro: "Entrego mi vida para volver a recibirla. Nadie me la arrebata, sino que yo la entrego por mi propia voluntad. Tengo autoridad para

El rugido del león

entregarla, y tengo también autoridad para volver a recibirla" (Juan 10:17-18).

Jesús era fuerte; tenía una columna vertebral. Él nos mostró cómo ser resistente, incluso cuando todo el mundo viene contra nosotros. Tenemos que pensar en cuán comprometidos estamos a evitar el dolor. ¿Cómo hemos navegado alrededor de situaciones dolorosas o cómo nos hemos hecho nuestro camino a punta de quejas a través de asuntos que eran menos que agradables? Como resultado, ¿cómo hemos fallado en desarrollar la fuerza que esos tiempos desafiantes hubieran podido producir en nosotros?

Abracemos la disciplina que necesitamos para que cuando los retos reales vengan estemos preparados para soportar. Es hora de entrar en entrenamiento. Debemos enfrentar al león que nos embosca y acecha para que podamos representar al León de la tribu de Judá y seamos resistentes, hasta el final.

VUÉLVASE RESISTENTE

- El Señor quiere que desarrollemos un espíritu guerrero, para que podamos enfrentar al enemigo en lugar de ser intimidados por él.

- Jesús es "el León de la tribu de Judá" (Apocalipsis 5:5). Él es fuerte. Es feroz. Y quiere que seamos igual.

- Podemos optar por ver las situaciones difíciles como períodos de disciplina, nuestro entrenamiento para ser resistente. Esta disciplina no es castigo. Nos está haciendo mejores y poniéndonos en forma para aguantar.

- Muchos de nosotros nos hemos vuelto expertos en evitar el dolor, pero es imposible completar una carrera sin él. En vez de tratar de eliminarlo, tenemos que aprender a manejarlo. De esta forma cuando los desafíos vengan, no vamos a huir de ellos. Los enfrentaremos.

El resistente no teme luchar. No corre del diablo. Le animo a pedirle a Dios que desarrolle dentro de usted un corazón de guerrero.

Señor, crea en mí el corazón de un guerrero. No dejes que retroceda cuando el enemigo ataque. No me dejes caer en la trampa de la intimidación. Enséñame a abrazar la disciplina y a controlar el dolor que seguro va a llegar. Quiero representarte bien, como buen soldado que está dispuesto a soportar las dificultades. Enséñame a caminar con serena dignidad y confianza en ti, el León de la tribu de Judá, en el nombre de Jesús. Amén.

Capítulo 22

LOS RESISTENTES SON INCANSABLES

Piense en la única cosa que usted desea más que nada en la vida. Es posible que la haya querido cuando era joven. Tal vez no se podía esperar hasta Navidad para conseguirlo. Quizás ahorró para eso y finalmente lo consiguió un año más tarde. ¿Qué otras cosas quiere? ¿Fama? ¿Dinero? ¿Un novio o novia? ¿Un título? ¿Matrimonio? ¿Más cosas?

Todo el mundo quiere algo. Jesús se dirigió a nuestros deseos y nuestras necesidades en el Sermón del monte:

> Por eso les digo: No se preocupen por su vida, qué comerán o beberán; ni por su cuerpo, cómo se vestirán. ¿No tiene la vida más valor que la comida, y el cuerpo más que la ropa? Fíjense en las aves del cielo: no siembran ni cosechan ni almacenan en graneros; sin embargo, el Padre celestial las alimenta. ¿No valen ustedes mucho más que ellas? ¿Quién de ustedes, por mucho que se preocupe, puede añadir una sola hora al curso de su vida? ¿Y por qué se preocupan por la ropa? Observen cómo crecen los lirios del campo. No trabajan ni hilan; sin embargo, les digo que ni siquiera Salomón, con todo su esplendor, se vestía como uno de ellos. Si así viste Dios a la hierba que hoy está en el campo y mañana es arrojada al horno, ¿no hará mucho más por ustedes, gente de poca fe? Así que no se preocupen diciendo: "¿Qué comeremos?" o "¿Qué beberemos?" o "¿Con qué nos vestiremos?" Porque los paganos andan tras todas estas cosas, y el Padre celestial sabe que ustedes las necesitan. Más bien, busquen primeramente el reino de Dios y su justicia, y todas estas cosas les serán añadidas.
>
> —Mateo 6:25-33

Lo que Jesús estaba diciendo era: "A mí no me importa que tengas cosas, pero quiero que me busques a mí primero. Quiero ser el amor que todo lo abarca de tu vida".

Siempre estamos en búsqueda de algo. Es la naturaleza humana; parece que siempre estamos persiguiendo algo. Y una vez que lo alcanzamos, queremos algo más. Eso nunca termina. Creemos que si tuviéramos ese coche, esa casa o ese trabajo, nuestra vida sería una bendición. Sin embargo, nunca estamos satisfechos. Cuando logramos esas cosas queremos algo más. No podemos esperar hasta la próxima Navidad o nuestro próximo cumpleaños para conseguir eso en particular que siempre hemos querido e incluso rogado tener. Luego, dos días después no nos acordamos dónde lo pusimos. Parece que tenemos un deseo insaciable de perseguir cosas, y esas cosas nos dejan vacíos.

Recuerdo haber oído acerca de un hombre que ganó cientos de millones de dólares en la lotería y se comprometió a dar una porción de las ganancias a su iglesia. Él y su esposa dieron generosamente a las iglesias y otras causas, pero sus vidas pronto se vinieron abajo.

Al hombre le estaban constantemente pidiendo dinero, para cosas tan triviales como alfombras nuevas y equipos electrónicos. Sus verdaderos amigos parece que desaparecieron. Pero lo peor fue lo que pasó con su familia. Habían comenzado a darle a su nieta adolescente 2,000 dólares a la semana y le compraron varios coches nuevos. Empezaron a verla cada vez menos, ya que comenzó a salir con un grupo recio que la introdujo a las drogas ilegales. Ella se iba por días a la vez hasta que se fue y nunca regresó.

> Siempre estamos en búsqueda de algo. Es la naturaleza humana; parece que siempre estamos persiguiendo algo. Y una vez que lo alcanzamos, queremos algo más.

Después de una búsqueda de dos semanas su cuerpo fue descubierto envuelto en una sábana y tirado detrás de una camioneta.

Recuerdo haber visto las lágrimas en los ojos de ese hombre en un informe del noticiero. Estaba destruido. La nieta que amaba tan entrañablemente había desaparecido. Las cosas que el mundo dice son importantes sólo lo dejaron vacío. El hombre dijo: "Ojalá hubiera roto ese boleto de lotería".[1] Lo que muchas personas sueñan con tener—cientos de millones de dólares—destruyó a ese hombre.

PERSEGUIDO POR DIOS

En Mateo capítulo 6, Jesús habló de buscar primero el reino de Dios. Él sabía que los seres humanos siempre tratarían de lograr algo. Pero en lugar de buscar cosas que pensamos que nos harán felices, nos dijo que buscáramos primeramente su reino.

Cuando anticipamos conseguir las cosas que hemos anhelado, experimentamos una especie de euforia. Es la esperanza de que al conseguirlas van a hacer nuestra vida mejor. Somos atormentados, incluso intoxicados por la idea. La recompensa siempre parece ser más grande y mejor que lo que imaginamos, hasta que lo conseguimos. Entonces hay una decepción. Todo se siente bien por un momento, pero antes de darnos cuenta ya estamos en la siguiente cosa.

La forma en que perseguimos las cosas es la manera en que Dios nos persigue. Mateo 13:45-46 describe una apasionada búsqueda: "También se parece el reino de los cielos a un comerciante que andaba buscando perlas finas. Cuando encontró una de gran valor, fue y vendió todo lo que tenía y la compró".

El reino es como el hombre que encuentra el tesoro en el campo. Somos ese tesoro, y Dios nos persigue sin descanso. De hecho, él está persiguiendo a cada ser humano, en todas partes del mundo. Él nos ha perseguido desde el principio, en el libro de Génesis. Él sabía que Adán y Eva habían pecado, pero regresó al huerto del Edén y le preguntó a Adán: "¿Dónde estás?" (Génesis 3:9). En lugar de enojarse con Adán, en vez de golpearlo con un rayo, Dios lo persiguió, y clamó: "¿Dónde estás?".

Dios está en persecución de usted y de mí. Él persigue lo que valora. Porque nos valora a usted y a mí, envió a su Hijo, Jesús, para perseguirnos. Si realmente supiéramos cuánto somos valorados, nunca trataríamos de ganar de nuevo nuestro valor con lo que vestimos, con el dinero que ganamos, lo buenos que somos en los deportes, lo popular que somos, inflándonos ni jactándonos de lo que podemos hacer. Si realmente supiéramos nuestro valor, no estaríamos haciendo cosas para obtener la aprobación de otras personas. Nosotros sabríamos que Dios nos ama tal como somos; su aprobación sería lo único que necesitáramos.

El fabricante da valor a las cosas que hace. Así como establece los precios de sus productos, Dios estableció su precio en nosotros. Nosotros somos su tesoro.

Usted es el tesoro que él persigue; es por eso que envió a Cristo, por usted.

No sólo está Dios persiguiendo incansablemente a todas las personas, sino que también está persiguiendo cada parte de cada uno de nosotros. Él no quiere una oración rápida ni simplemente secciones de nuestros corazones. Él quiere cada pieza de cada vida. Por el resto de nuestras vidas, nos mostrará aquellas áreas que no le hemos rendido totalmente. Él persiste para que podamos rendirnos y hagamos más espacio en nosotros para él.

Imagine que su vida es como una casa. Invita a Jesús a su casa, pero sin darse cuenta, lo trata como al vendedor de aspiradoras que acaba de tocar el timbre de su puerta sin haber sido invitado y que es muy insistente. Usted no quiere dejar entrar al vendedor, pero si se es muy generoso en el momento, es posible que lo deje entrar al vestíbulo. Usted le da unos momentos para que le dé su discurso y lo despide.

¿Es eso lo que usted hace cuando los amigos vienen a su casa? ¡No! Usted les da a lo que quieran cuando quieran. Vacía la nevera para ellos. Anda con ellos, sea conveniente o no. Usted hace que se sientan bienvenidos. Usted quiere que se sientan como en casa.

¡Si sólo hiciéramos eso con Jesús! En lugar de ello, actuamos como si él estuviera tratando de vendernos algo. Si por casualidad le permitimos entrar, lo limitamos a la parte estirada de nuestra casa, la parte que es correcta y formal. Eso es lo que hacemos en la iglesia, así que lo hacemos en la sala de estar de nuestra casa. Nos sentamos derechitos y estamos pendientes de nuestros modales. Eso no es lo que Jesús está persiguiendo en absoluto. Él quiere venir y familiarizarse con nosotros. Quiere conocer nuestros corazones, nuestros hogares y nuestras vidas. Él no nos está buscando sólo para visitarnos. Quiere que le demos las llaves. Después de todo, él está a cargo. Él quiere ir a través de toda la casa y limpiarla. Entonces, ¿qué hacemos muchos de nosotros? Le decimos: "Puedes entrar en mi vida, pero no vayas a ese armario. Es privado. Voy a hablar contigo sobre ello más tarde".

Hay algunos aspectos de nuestras vidas de los que nos avergonzamos. Hemos sufrido dolor a causa de las cosas que nos han sucedido, o cosas que nos hemos hecho a nosotros mismos o a los demás. Pero Él no se avergüenza. Él quiere entrar en esas áreas. Él persigue incansablemente cada parte de nosotros. No es un Dios distante. Él está buscando que abramos todo nuestro ser o nuestra "casa". Él quiere entrar, reorganizar los muebles, derribar algunas paredes, rediseñar toda la casa si así lo desea hasta que todo quede a su satisfacción. No se conforma con una visita rápida en el vestíbulo.

¿Cómo debemos responder? Tenemos que dejar de perseguir lo que sea que estemos persiguiendo aparte de Él. Cualquier cosa que sirva como sustituto de Él debe salir. Cualquier cosa hacia la que corramos para dejar de correr hacia Él, debemos dejarla. Simplemente debemos parar y buscarlo solamente a Él.

Conviértase en un buscador

¿Cómo nos convertimos en buscadores?

1. Esté consciente de que Dios lo está persiguiendo, ¡y déjese atrapar!

Deje que él lo encuentre y le atrape. Usted no tiene que ser perfecto para que él esté contento con usted. Usted es el oro que él busca, tal y como usted es. Y él es el "tesoro" más grande que usted pueda desear. La euforia que usted busca en la vida sólo se puede encontrar en él.

2. Entréguele toda su casa.

Permítale que tenga todo su corazón, toda su vida, incluso las partes que usted ha estado escondiéndole. Si le ha dicho: "No, tú no puedes entrar en el armario de mis amistades; yo me reservo mis amigos. No quiero que me estés diciendo qué hacer con los medios de comunicación. Yo tomo esas decisiones. Y cuando se trate de con quién estoy saliendo, esa área de mi vida es toda mía", es el momento de rendirse. Sólo diga: "Está bien. Estás persiguiendo cada parte de mí, así que voy a entregarte cada parte de mí". Se necesita humildad para hacer eso. Se necesita un corazón rendido.

3. Debemos cambiar nuestras búsquedas y su dirección.

Eso es lo que Jesús estaba hablando cuando dijo: "Busquen primeramente el reino de Dios" (Mateo 6:33). Sólo hay una manera que sé que eso puede ocurrir: es pidiendo diariamente un milagro en su corazón y clamando por ese milagro cada día. Ore: "Dios, dame un corazón que te persiga incansablemente... que te busque incansablemente".

Como A. W. Tozer escribiera: "Dios se revela a sí mismo a [nosotros]".[2] Dios se muestra a sí mismo a los que tienen hambre de él. Muchos pasajes de la Escritura describen el hambre que se basa en esta respuesta de él. Salmos 42:1 dice: "Cual ciervo jadeante en busca del agua, así te busca, oh Dios, todo mi ser". Mateo 6:21 declara: "Porque donde esté tu tesoro, allí estará también tu corazón". Mateo 13:44 dice: "El reino de los cielos es como un tesoro escondido en un campo... lleno de alegría [un hombre] fue y vendió todo lo que tenía y compró ese campo".

Eso es lo que Dios está buscando: personas que se volteen y lo busquen incansablemente.

Si usted es de los que va a hacer eso, Él le llenará con vida, gozo y fortaleza. Nehemías 8:10 dice: "el gozo del Señor es nuestra fortaleza". Ese es el gozo que nos hace resistentes.

Vuélvase resistente

Los resistentes son incansables. No tratan de forjarse una columna vertebral ellos mismos para presumir de su propia fuerza. Ellos son los que se rinden a él. Dejan que Él los capture. Rinden cada parte de su "casa", sus corazones, sus vidas, su todo a él.

Deciden cada día decir: "Voy a perseguirte, Señor, con todo lo que soy y todo lo que tengo. Leyendo, orando, escuchando, me voy a llenar con tu verdad. Por tanto, sé que me llenarás de ti. Tu gozo me dará la fortaleza para ser resistente".

Ninguno de nosotros es capaz de hacer la búsqueda perfecta de Dios. Nos distraemos. Suceden cosas que nos sacan del sendero. Pero Dios es clemente y misericordioso. Todo lo que necesitamos hacer es ser francos en cuanto a nuestra lucha y pedir su ayuda.

Cada vez que se vea envuelto en busca de otra cosa que no sea él, simplemente ore:

> *Señor, Jesús, hoy libero todas las cosas que he perseguido fuera de ti. Todo lo que es de este mundo, decido dejar de perseguirlo. En vez de eso, me centro en ti. Deseo buscarte primero. Entrego todas las partes de mi corazón y de mi vida que he tenido guardadas bajo llave. Abro los "armarios" a los que no he te he permitido entrar. Hoy, Señor, te pido un milagro, un cambio en mi corazón. Te pido que me des el anhelo de perseguirte incansablemente, porque en eso, estoy completamente pleno. En el nombre de Jesús. Amén.*

Conclusión

ESTA ES NUESTRA HERENCIA: NUESTRA TRIBU

Después de que la impresión del accidente aéreo desapareció, la realidad nos golpeó a Katie y a mí. Hannah estaba en el hospital en Kansas City por las primeras cuatro semanas para recibir los injertos de piel y "limpiarle" diariamente toda la piel nueva. Este es un proceso insoportable y necesario, de manera que la infección no permanezca allí. Pasé todas las noches con ella en su habitación del hospital. Cuando la mudamos a Dallas en una ambulancia aérea, volé con ella y me quedé en el hospital de rehabilitación casi todas las noches.

Tras meses de lucha y dolor insoportable, Hannah comenzó a hacer verdaderos progresos físicamente. Cuando estaba al fin lista para volver a casa y completar su recuperación, no teníamos ni idea de que el trabajo apenas comenzaba. Apenas podía caminar, estaba tomando mucha medicina para el dolor. Ella estaba en constante dolor y aflicción, por meses. Los dolorosos recuerdos del suceso provocarían síntomas de trastorno de estrés postraumático, el mismo tipo del que un soldado al volver del campo de batalla podría experimentar tras ver a sus amigos perecer.

Katie fue realmente la heroína de esta historia mientras atendía a Hannah, sirviendo sus comidas en su habitación, limpiando para ella y organizando todas las sesiones de terapia física. Por varios meses parecía que, a pesar de que estaba haciendo progresos físicamente, el corazón de Hannah y sus emociones estaban abrumados por el dolor. Aunque orábamos diariamente por ella y teníamos un número de líderes espirituales que venían a pasar tiempo con ella (incluyendo

Esta es nuestra herencia: nuestra tribu

Erwin McManus y su hija, y Dave Roever y su esposa), nada parecía aliviar su dolor, lo cual aumentaba el nuestro. Fue un largo período aguantando en nuestra fe y confiando en el Señor. Finalmente, después de estar en casa durante seis meses, unos líderes sabios comenzaron a ayudar a Hannah a caminar a través del dolor y a iniciar su travesía a la sanidad total. Pudimos ver la mano de Dios cambiar dramáticamente su visión de la vida. Ella sigue en su jornada de recuperación, pero está bien encaminada. Por meses (que parecieron años) tuvimos que tener confianza total en que Dios nos llevaría a nosotros y a ella a través de eso y traería entendimiento en algún momento. Eso aún no ha llegado. Pero aun así, confiamos.

El pago del precio

A lo largo de estos capítulos usted ha leído las historias de verdaderos discípulos de todo el mundo que han aceptado pagar el precio que sea necesario para seguir a Cristo. Al buscar a través de la Escritura, hemos visto que esto es lo que Jesús siempre ha deseado. Esa es la razón por la que nunca fue demasiado rápido en cuanto a tomar a la gente cuando le decían: "¡Te seguiré, Señor!". En cambio, les pedía que pensaran realmente en el compromiso que pretendían hacer. Él hizo que contaran el costo. "¿Tiene suficiente dinero para construir la torre?", preguntó, "¿Tiene suficientes soldados para ganar la guerra?" (Lucas 14:28-33).

Desde el principio, esta era la clase de seguidores que Jesús quería. En verdad, ellos son los únicos seguidores de los que Él es digno. Él dio su vida entera por nosotros. Así que está buscando el mismo tipo de devoción que mostró. Él es nuestro ejemplo.

A lo largo de la historia del cristianismo, hemos visto este tipo de devoción. Los apóstoles vivieron para Cristo y (a excepción de Juan) murieron como mártires. Innumerables discípulos fueron encarcelados, azotados o devorados por los leones ante decenas de miles de espectadores. Muchos fueron quemados vivos, sirviendo como antorchas humanas en las fiestas en los jardines del malvado Nerón. Esos creyentes incansables se rehusaron a retractarse, incluso bajo amenaza de muerte. Ese es el tipo de valor, el tipo de columna vertebral que los creyentes han tenido desde el comienzo de la Iglesia.

Hemos nacido para eso, y nuestro movimiento, nuestra tribu, nació de ello. En una historia tras otra el maligno intentó aplastar a la Iglesia matando a sus mártires. ¡Pero los que dieron sus vidas por Cristo hicieron que más personas creyeran! Los espectadores seculares preguntaban: "¿Quiénes son estas personas que darían su vida y soportarían semejante tortura y sufrimiento por lo que creen? Nunca he conocido a nadie como ellos. Tal vez debería pensar en lo que creen".

Piense en esto: si otros no hubieran sufrido, nosotros nunca habríamos sabido de Cristo. Aquellos con espinas dorsales de acero a lo largo de las edades pasaron la fe a la siguiente generación, y la siguiente después de esa. Sin su soporte, la fe se habría erradicado. La única razón por la que sabemos acerca de la gracia y el perdón, la única razón por la que sabemos lo que significa tener un corazón nuevo, es por los que fueron resistentes en su día.

Sólo queda una pregunta: ¿Qué dirán las generaciones futuras sobre nosotros? ¿Van a decir: "Fueron fieles. Ellos pasaron la fe a otros. Cuando pudieron haber sido arrullados por el mercantilismo, el capitalismo y el placer, resistieron. Se prepararon para ser resistentes, por lo que cuando llegaron los desafíos, estaban listos"?

Son los resistentes los que continuarán este legado. Son los resistentes los que muestran la gracia de Dios en acción. Dios siempre ha tenido un remanente que es resistente. Él tendrá uno en esta generación. La pregunta que cada uno de nosotros tenemos que hacer es: "¿Voy a formar parte de ella?". Son los resistentes los que se enamoran tan profundamente de Cristo que no pueden ser controlados ni detenidos. Son los resistentes como Sadrac, Mesac y Abed-nego los que han determinado cómo van a vivir, independientemente de las circunstancias que deban soportar.

Considere los lugares en nuestro mundo de hoy, como Irak, Irán y China. Los creyentes en esas tierras saben que al elegir seguir

Esta es nuestra herencia: nuestra tribu

a Cristo probablemente irán a la cárcel, serán expulsados de sus hogares, amenazados de asesinato y, tal vez, hasta asesinados. Lo comprueban cuando se deciden; pero se deciden de todos modos.

Si hubiera sabido con certeza que eso le pasaría a usted cuando eligió a Cristo, ¿habría decidido seguirlo?

Tome tiempo para asimilar la pregunta.

Millones de hombres y mujeres valientes alrededor del mundo saben lo que pueden esperar cuando eligen a Cristo. Por lo tanto, calculan el costo de antemano. Ellos acuden a Él sabiendo en lo que se están metiendo. Así que cuando viene la persecución, están preparados. Están listos para las consecuencias.

El precio es alto, pero no demasiado. Recuerde que Jesús es el tesoro más grande de todos. No hay nadie como Él. Él pagó el precio más alto posible por nosotros. Como escribió A. W. Tozer: "Le debemos toda honra que podamos darle".[1]

Estemos entre los resistentes. Que sea porque estamos enamorados de Cristo y preparados para afrontar incluso los retos más difíciles por la gracia de Dios y con su gozo.

Que se diga que nosotros sobrevivimos... que fuimos *resistentes*.

GUÍA DE ESTUDIO PARA VOLVERSE *RESISTENTE*

R ESISTENTES. Eso es lo que estamos llamados a ser. No llegaremos a ello sin entrenamiento y algo de *desentrenamiento*. Necesitamos un poco de las dos cosas para arrancar de raíz las ideas erróneas y los obstáculos que nos impiden avanzar. Si vamos a establecer una fe que nos sostenga en las buenas y en las malas, tenemos que decidir "ir allí" *no importa qué*.

Esta guía de estudio está diseñada para ayudarle a transitar el camino hacia la resiliencia. Úsela solo o en un grupo. Permítale que desnude su corazón ante el Dios que le ama y ante su propio entendimiento. Procese sus experiencias y patrones de pensamiento; deje que el material extraiga de usted la resiliencia que le hará frente a las sorpresas y contratiempos, cualesquiera sean las circunstancias que pueda enfrentar.

Estas páginas le guiarán a través de una travesía de ocho semanas. Inviértase usted mismo en la transparencia y revelación que ellas provocan. Permita que las preguntas reconfiguren sus suposiciones. Que las Escrituras fortalezcan su corazón. Vigile y ore a medida que las aplicaciones conviertan la información en transformación.

Y recuerde: ¡*usted nació para ser resistente!*

SEMANA 1

Vivimos en un mundo tipo "siéntase bien", en el que confundimos nuestras emociones con el "verdadero nosotros". Con demasiada frecuencia, en vez de enfocarnos en hacer lo correcto, cedemos a la demandas del alma en cuanto a lo que nos hace sentir bien. Por tanto, cuando vienen las pruebas, nos encuentran mal preparados, creyendo que "las cosas malas" no deben sucedernos a nosotros, porque somos de Cristo. Si este es el "evangelio" que creemos, ¿es también el que compartimos con los demás? ¡Vamos a descubrirlo!

Lea la introducción y los capítulos 1 y 2 de *Resistente*.

Lea Filipenses 4:13, Mateo 16:24 y Mateo 24:13.

Restructúrese para ser resistente

Piense en algún momento en que haya recibido noticias impensables. ¿Cuál fue su primera reacción? ¿Cómo desafió esa noticia sus creencias?

_____

_____

Cuando no entiende lo que está sucediendo o por qué está sucediendo, ¿qué verdades en las que usted ha confiado le ayudan a sostenerse y cómo?

_____

_____

Semana 1

¿Lo ha dejado algún acontecimiento o situación inesperada sintiéndose agradecido y enojado al mismo tiempo? ¿Qué otras emociones conflictivas ha experimentado? ¿Cuál es el estado actual de este conflicto?

_____

_____

¿Cómo ha impactado su fe nuestra cultura tipo "siéntase bien"? ¿Se siente tentado alguna vez a "ir con la corriente cultural"? ¿Qué teme usted que suceda si "nada contra la corriente"?

_____

_____

Describa la visión del mundo en cuanto a ser fiel a uno mismo. ¿Cómo se compara o contrasta con la autenticidad piadosa? ¿En qué modo el saber la diferencia clarifica sus elecciones en la vida?

_____

_____

Cuando llegó a la fe en Cristo, ¿para qué "plan" se inscribió usted? ¿En qué manera el plan probó ser más peligroso, fantástico o impredecible de lo que esperaba?

_____

_____

¿Cómo podemos presentar el evangelio de una manera que prepare mejor a otros para la realidad cristiana? ¿Cómo ha respaldado su caminar la presentación del evangelio que escuchó por primera vez? ¿Cómo ha fomentado la desilusión?

_____

Resistente en la Palabra

¿Cómo luce la resiliencia en sus circunstancias actuales? ¿Cómo argumentan su explicación las siguientes referencias: Filipenses 4:13, Mateo 16:24 y Mateo 24:13? ¿Qué otros pasajes de las Escrituras vienen a la mente?

El camino a la resistencia

En oración, pídale al Padre que le revele cualquier malentendido del cristianismo que cree expectativas irreales y desilusión. ¿Cómo va a ayudar esta percepción en una situación que usted enfrenta en la actualidad?

SEMANA 2

La búsqueda de la resiliencia nos obliga a preguntar cómo luce "el cristianismo normal". Ello nos ayuda a reconocer qué "versión" del evangelio influyó en nosotros para que siguiéramos a Cristo y cómo afecta a nuestra perspectiva en la actualidad. De repente cuestionamos la jerga que primero llamó nuestra atención. Nos preguntamos si aceptamos a Cristo en sus términos o simplemente pronunciamos "esa oración" para evitar los horrores del infierno. Tomamos en consideración el significado de una relación personal con Cristo, y exponemos cualquier malentendido que nos haya hecho pasivos en nuestra fe. Entonces la verdad puede aclarar las cosas y hacernos resistentes.

Lea el capítulo 3 de *Resistente*.

Lea Lucas 14:28-33 y Romanos 10:8-10.

Restructúrese para ser resistente

¿Se acuerda de la primera vez que alguien le habló del evangelio? ¿Cuál fue su impresión en cuanto a lo que oyó?

_____

_____

¿Alguna vez ha invitado a alguien a aceptar a Cristo? ¿Qué tan bien cree usted que se entendió la invitación? Explique.

_____

_____

¿Qué significa para usted tener una relación personal con Cristo? ¿Ha cambiado el significado desde la lectura de este capítulo? ¿Cómo?

_____

_____

¿Qué está en el punto crítico de su relación con Cristo? ¿Hay algún mal entendido debilitando la base de su relación? Explique.

_____

_____

Explique dónde encaja la elección "cielo o infierno" en su experiencia de salvación.

_____

_____

¿Ha ofrecido usted un evangelio que se vende fácil sin darse cuenta? ¿Su presentación ha "suavizado" la verdad?

_____

_____

¿Qué hay de malo con el cristianismo de fórmulas? ¿Por qué son las fórmulas innecesarias?

_____

_____

Describa cómo a veces nosotros malentendemos las frases *confiar en el Señor* y *recibir al Señor*.

_____

_____

Resistente en la Palabra

¿Cómo ayuda Lucas 14:28-33 a definir o refinar su compromiso con Cristo? ¿Cómo puede Romanos 10:8-10 guiar su presentación del evangelio a los perdidos? ¿Qué otros pasajes de la Escritura ayudarían a los nuevos creyentes a forjar una fe activa en vez de una pasiva?

_____

_____

El camino a la resiliencia

Considere las siguientes preguntas: ¿Qué pasaría si todos nosotros tuviéramos una mayor perspectiva del señorío de Cristo? ¿Qué pasaría si hiciéramos el evangelio tan simple como la presentación de Cristo en toda su belleza y esplendor? ¿Qué pasaría si la gente se enamorara de él y decidiera seguirlo con cada pizca de su energía y su pasión? Encuentre lo que le incite más y retómelo mientras se desarrolla su semana. ¿Cómo cambia su perspectiva al hacer esto?

_____

_____

SEMANA 3

La pasividad alimenta la complacencia, una especie de cristianismo de opción múltiple en el que la idea de imitar a Cristo es sólo una opción de un menú espiritual. La complacencia distorsiona nuestras ideas acerca de la fe y embota nuestros sentidos espirituales. En lugar de ver a Jesús como digno de todo lo que somos y tenemos, se convierte a nuestros ojos en una conveniente medicina para mejorar la vida que debe ser "tomada" a nuestra discreción. La buena noticia es esta: la luz del verdadero evangelio es el mejor desinfectante. ¡Estamos llamados a ser resistentes!

Lea los capítulos 4 y 5 de *Resistente*.

Lea Isaías 40:9-17 y Lucas 18:18-25.

Restructúrese para ser resistente

¿Ha sido despreciado por otros cristianos? ¿Cómo reaccionó en ese momento? ¿Cómo lo ve ahora?

_____

_____

¿Cuál es la diferencia entre ser apasionado por Dios y sentirse obligado con él?

_____

_____

¿Cómo responde usted al tesoro que Cristo le ha dado? ¿Cómo muestra su vida su valía?

Semana 3

Haga un inventario de sus tres principales necesidades y deseos. ¿Qué revela su lista?

¿Hay algún área en la que se sienta como una persona que se está ahogando? ¿Por qué cosa está usted desesperado? ¿Cómo puede hacer frente a sus necesidades de manera más real?

¿Por qué es tan fácil prestar atención a nuestras preferencias y tan difícil reconocer nuestras necesidades más fundamentales?

¿Ha sido Jesús alguna vez su "medicina mejora vida"? ¿Cómo moldeó su fe este enfoque?

¿Cuál es la diferencia real entre seguir las reglas y seguir a Cristo?

Resistente en la Palabra

¿Qué imagen de Dios pinta Isaías 40:9-17 para usted? ¿Cómo influye su comprensión de Lucas 18:18-25?

_____

_____

El camino a la resiliencia

Imagínese en la situación de Rahim. ¿Qué parte de su testimonio puede ayudarle a usted a descubrir la resiliencia en sus propias circunstancias? ¿Qué cambios específicos provoca su historia?

_____

_____

SEMANA 4

Seguir a Cristo es lo que hacen los cristianos. Lo seguimos a él y al ejemplo que nos dejó. Donde él va, nosotros vamos; lo que él hace, nosotros lo hacemos. Seguimos porque él nos mandó a hacerlo, diciendo una y otra vez en las Escrituras: "Sígueme". La misión no puede ser más clara; sin embargo, seguirlo es un proceso. Aprendemos a hacerlo haciéndolo y pidiendo su guía a medida que avanzamos. Las implicaciones de seguir a Cristo son muchas. Cuanto más pronto sepamos que son, más resistentes nos haremos.

Lea los capítulos 6 a 9 de *Resistente*.

Lea Juan 20:27-30 y vuelva a leer Romanos 10:8-10.

Restructúrese para ser resistente

¿Qué es lo que usted oye cuando Jesús dice: "Sígueme"? ¿Cómo afecta esta palabra su estilo de vida?

_____

_____

¿Cómo el seguir a un Dios invisible da forma al concepto que usted tiene de él? ¿Cómo guía esto sus respuestas a él?

_____

_____

¿Cuál es el máximo objetivo de seguir a Cristo? Dé un ejemplo específico de cómo este objetivo influyó en una decisión que usted tomó recientemente.

En sus propias palabras resuma el concepto de *confesar a Cristo*.

¿Dónde ha brotado en su vida la "credibilidad fácil"? ¿Cómo la reconoció por lo que era?

¿Cuáles son los signos reveladores de un corazón que ha sido capturado? ¿Cuál de esos signos son más evidentes en su caminar con Cristo?

¿Cómo podría amar a Cristo mejor con sus emociones?

¿Alguna vez ha confundido la fe *infantil* con la fe *de un niño*? Explique.

¿Cómo ponen de manifiesto sus acciones lo que usted cree? ¿Lo ha sorprendido alguna de esas acciones? ¿Cómo contradice lo que usted pensaba que creía?

¿En qué maneras está usted seguro de que Jesús es el centro de su vida? ¿En qué áreas es menos clara la imagen?

¿Cuál es nuestra mayor necesidad? ¿Dónde se muestra esa necesidad en su vida? ¿Cómo es satisfecha?

¿Cuán "pez" es usted? ¿Está inmerso en el océano del amor de Dios? ¿Qué lo tienta a visitar la orilla?

Resistente en la Palabra

Jesús explicó, en Juan 20:27-30, la bendición de creer sin ver. La lección aparentemente impactó a Tomás, que pasó a lograr grandes cosas en el reino. ¿Cómo lo afectan a usted esas mismas palabras?

El camino a la resiliencia

Sin darnos cuenta, a veces fraccionamos nuestra fe, por lo que seguimos a Cristo en formas que protejan nuestras zonas de comodidad. Piense en su vida como seguidor de Cristo. Evalúe francamente si ha acordonado algún compartimento o si lo ha seguido

Resistente

él en sus propios términos en lugar de los suyos. ¿Qué teme perder al entregar todo a él?

_____

_____

SEMANA 5

Nosotros, los seres humanos, naturalmente queremos saber el significado de las cosas. Somos propensos a razonar nuestro camino a través de los desafíos de la vida; de hecho, estamos entrenados para hacerlo. Este enfoque no siempre nos sirve. En materia de fe, el desafío es creer ya sea que entendamos completamente o no, e incluso si el resultado no es el que elegiríamos. La necesidad de comprender y controlar todo nos deja a nosotros y a nuestra fe expuestos a transigir. Ese es el antídoto para la resiliencia que deseamos. Vamos a descubrir una mejor manera, para que lo podamos seguir sin reservas.

Lea los capítulos 10 a 13 de *Resistente*.

Lea Daniel 3:1-25 y Juan 6.

Restructúrese para ser resistente

Considere la historia de los tres jóvenes hebreos. ¿Cuál es la diferencia entre negar sus circunstancias y tener la fe para enfrentarlas?

Piense en sus oraciones más recientes a Dios. ¿Le ha establecido, a sabiendas o sin saberlo, algunas condiciones a Él? Explique.

¿Se siente como un "hombre o una mujer muerta" caminando? ¿Qué le retiene allí? ¿Cuál es la respuesta de Cristo al problema?

¿Qué tipo de relación aparece en el capítulo 12 que describe mejor la forma en que usted se relaciona con Cristo?

¿Cómo entender el pacto que afecta a la forma en que usted ve a Dios y al sacrificio que Jesús hizo por nosotros en la cruz?

Cuando se siente obligado a entender o responder a la pregunta *por qué*, ¿qué está diciendo en realidad sobre lo que usted cree?

¿Le sorprende oír hablar de los "muchos más" que no fueron sanados en las reuniones de Oral Roberts? ¿Cómo influye eso en su perspectiva de aquí en adelante?

¿Cómo podría la forma de hablar directa de Jesús a través de Juan capítulo 6, argumentar su presentación del evangelio en nuestra cultura del siglo XXI?

¿Resuelve el problema un milagro? Explique su respuesta en base a sus propias experiencias.

_____

_____

¿Es su trabajo comprobar las afirmaciones de Cristo, para que la gente pueda creer? ¿Cuál *es* su trabajo en la presentación del evangelio?

_____

_____

¿Cómo impacta ablandar el mensaje del evangelio a los llamados al altar a corto plazo? ¿Y a largo plazo?

_____

_____

Si Dios revela algo que usted no entiende completamente, ¿impide esto que lo siga? ¿Por qué?

_____

_____

Resistente en la Palabra

Describa dos maneras en las que la fe incluso si de los jóvenes hebreos se demostró en Daniel 3:1-25. ¿Cómo el haber mantenido ellos su posición puede ayudarle a usted a ser resistente en una situación actual? ¿Cómo le ayuda a entender mejor una experiencia pasada?

_____

_____

El camino a la resiliencia

¿Le ha pedido a Dios que haga cierto milagro en su vida? Examine el lugar que ocupa su petición: ¿está su confianza puesta en el milagro mismo o en el Dios al que usted sirve? ¿Cómo pudiera ajustar su punto de vista para que su fe esté puesta correctamente en Él? ¿Cómo le afectará a usted este ajuste en el futuro?

_____

_____

SEMANA 6

Decir que quiere correr una maratón y correr en verdad son dos cosas muy diferentes. Una es una buena idea; la otra es un compromiso de hacer lo que sea necesario para llegar a la línea de meta. La primera podría ponerle la piel de gallina, pero durará sólo un momento. La última le costará algo y pondrá a prueba su temple a largo plazo. El costo es alto, pero no deje que eso le asuste. ¡Las recompensas son más que toda la riqueza que el mundo pueda comprar!

Lea la parte 3 de *Resistente*, capítulos 14 a 19.

Lea Hebreos 12:1-2 y Hebreos 5:12-14.

Restructúrese para ser resistente

¿Qué sucede cuando usted cree que es fuerte, pero encuentra que no puede soportar? ¿Ha experimentado este fenómeno en una situación en particular? Explique.

_____

_____

¿A qué tiene que someterse todo aquel que cruza la línea de meta de una maratón? ¿Cómo se traduce esta lección a su vida de fe?

_____

_____

¿Qué papel juega el dolor en su entrenamiento? ¿Cómo apoya o dificulta su visión actual del dolor a su entrenamiento para la resistencia?

¿Cuál es la clave para mantener el corazón sano, espiritualmente hablando? ¿Qué tan bien está haciéndolo usted en esta área? ¿Qué mejoras puede hacer?

¿Cómo puede usted, como seguidor de Cristo, prepararse para no "chocar contra el muro"?

¿Cuál es la manera segura de evitar la comida chatarra espiritual?

Los atletas que compiten hablan de "meterse en la cabeza del rival". Al correr su carrera espiritual, ¿cómo puede mantener su propia cabeza recta?

¿Qué tipo de "árbol" es usted?

Semana 6

¿Son sus "raíces" espirituales lo suficientemente sanas para soportar las tormentas de la vida? ¿Cuáles son algunas cosas que puede hacer para fortalecer sus raíces y protegerlas de "plagas"?

_____

_____

Resistente en la Palabra

El escritor del libro de Hebreos describe la dieta espiritual óptima en Hebreos 5:12-14. ¿Cómo le desafían sus palabras? Si estuviera en la situación del obispo Umar Mulinde, ¿cómo podría posicionarlo mejor para que cumpliera con el mandato de Hebreos 12:1-2?

_____

_____

El camino a la resiliencia

El éxito nunca es por accidente; siempre implica un compromiso y un plan para cumplir con el compromiso. Para volverse resistente, ¿cuál es su plan de entrenamiento? ¿Qué prácticas va a implementar con regularidad en la preparación para correr su carrera espiritual hasta el final? ¿Cuál será el plan de una semana típica? (Es posible que desee desarrollar un régimen de entrenamiento espiritual utilizando las tablas y registros en los capítulos 15 a 17).

_____

_____

SEMANA 7

Jeremías 17:9 dice: "Engañoso es el corazón más que todas las cosas" (RVR1960). Cada corazón humano tiene lugares que todavía necesitan ser expuestos a la luz divina. Más a menudo de lo que pensamos, nos falta resiliencia porque nos engañamos a nosotros mismos. Nos convencemos a nosotros mismos de que nuestros caminos están funcionando. Nos aferramos a las creencias que encajan con nuestros propósitos y nos protegen de hacer esos mismos cambios que la verdad exigiría. Como resultado, tomamos decisiones que tienen consecuencias dolorosas y duraderas. El corazón del desertor se encuentra en todos nosotros, pero puede ser expuesto, pero ¡Jesús lo sanará!

Lea el capítulo 20 de *Resistente*.

Lea Lucas 15:11-24, Mateo 4:8-9 y Gálatas 6:8.

Restructúrese para ser resistente

En aras de la discusión, imagínese cómo pudo—el hijo pródigo—haber desarrollado el corazón de desertor. Desarrolle su "línea histórica" a partir de lo que sabe de la naturaleza humana y sus propias experiencias.

_____

_____

¿Qué tiene el sargento Charles Robert Jenkins en común con el hijo pródigo? ¿Qué se puede aprender de las similitudes?

_____

_____

¿Cómo o por qué nos engañamos a nosotros mismos con la creencia de que nuestras malas decisiones sólo tienen que ver con nosotros? ¿Cómo hace este engaño que nuestras elecciones sean más peligrosas?

___

___

¿Por qué parece la hierba más verde al otro lado? ¿Cuándo le ha hecho esta ilusión una zancadilla? ¿Qué precio pagó?

___

___

Sabemos que Dios es un Dios de segundas oportunidades. Explique el valor de tener otra oportunidad. Explique lo que otra oportunidad no le puede dar.

___

___

¿Cómo ayuda la humildad a sanar un corazón desertor?

___

___

¿Alguna vez ha elegido quedarse en una pocilga un poco más? ¿Qué motivó su decisión?

___

___

Resistente en la Palabra

En Mateo 4:8-9, verá el enfoque de hacer tratos de Satanás. ¿Cómo y cuándo ha sido tentado a aceptar ese acuerdo? ¿Cómo ejemplifica su elección lo que Gálatas 6:8 llama "sembrar para agradar a su naturaleza pecaminosa" y "cosechar de ella"?

_____

_____

El camino a la resiliencia

Piense en los patrones evidentes en su vida: la falta de resistencia, la complacencia con las personas, la autocrítica, los sentimientos de desesperanza, etc. ¿Alguno de ellos revelan un corazón desertor? ¿Ha tratado de encubrir la tendencia con razones y otras excusas? ¿Va a permitir que Jesús sane la parte de desertor de su corazón? ¿Cómo va a abrir espacio para que haga eso?

_____

_____

SEMANA 8

Nuestro modelo de resiliencia es Cristo. Como León y Cordero, él es a la vez feroz y tierno; puede ser plenamente uno sin comprometer al otro. Él nos enseñó a valorar la disciplina de situaciones difíciles para que nosotros fuésemos hechos la tribu incansable que lidera, la que él siempre ha tenido en mente. Esta tribu tiene un espíritu guerrero que acepta el dolor como parte del precio. Gestiona el dolor para que la carrera no se vea comprometida y deja un legado de resistencia para apuntalar a las generaciones por venir. Esta es su tribu: ¡la tribu de los resistentes!

Lea los capítulos 21 a 22 y la conclusión de *Resistente*.

Lea 1 Pedro 5:8; 2 Corintios 4:7-9 y Mateo 6:25-33.

Restructúrese para ser resistente

¿Cómo el entrenamiento del guerrero masai se compara con la cultura occidental? ¿De qué manera (s) se alinea con los principios bíblicos?

_____

_____

¿De qué manera el conocimiento del guerrero masai en cuanto a los hábitos de su enemigo lo posiciona para prevalecer en la batalla? ¿Cómo el entender al "león impostor" lo posiciona a usted para prevalecer en esta vida?

_____

_____

Resistente

¿Cómo la calmada dignidad del Salvador le anima a aguantar? ¿Cómo desarrolla su resiliencia?

_____

_____

A medida que se convierte en resistente, ¿por qué es el manejo del dolor más eficaz que la anulación del dolor?

_____

_____

¿Se ha encontrado persiguiendo algo? Explique.

_____

_____

¿Cómo se puede relacionar con la historia del ganador de la lotería? ¿Cómo le ha traído—la misma cosa que usted deseaba—más penas que alegrías?

_____

_____

¿Por qué es importante para nosotros entender lo mucho que somos valorados por Cristo? ¿Cómo el hecho de *no* entender eso trajo consecuencias negativas?

_____

_____

Usted está siendo perseguido incansablemente por Cristo. ¿Cuán atentamente lo está buscando a Él? ¿Qué podría estar entorpeciendo el que usted lo siga con todo su corazón?

_____

Semana 8

¿Cuán importante es su resistencia para la próxima generación? ¿Qué legado está planeando dejar?

RESISTENTE EN LA PALABRA

¿Qué dice 2 Corintios 4:7-9 sobre la fuente de su resiliencia? ¿De qué manera le anima este pasaje? ¿Cómo le libera para llegar a ser resistente?

EL CAMINO A LA RESILIENCIA

Mateo 6:25-33 es un pasaje poderoso sobre la vida centrada en Cristo. ¿Cómo puede hacer este pasaje más real en su vida? ¿Qué respuesta provoca en su corazón cuando lo lee? ¿Qué cambios inspira?

NOTAS

Capítulo 1. La fe que hace sentir bien
1. One With Them, "Tamirat WoldeGorgis", http://www.onewith-them.com/stories-of-persecution/tamirat-woldegorgis/ (consultado en línea el 21 de abril de 2014).
2. *Ibíd.*

Capítulo 3. La fe pasiva
1. A. W. Tozer, *La búsqueda de Dios* (Rockville, MD: Editorial Serenity, 2009), p. 89 (en el original en inglés).
2. Blue Letter Bible, Greek Lexicon, s.v. "recibido" (G2983 RV), http://www.blueletterbible.org/lang/lexicon/lexicon.cfm?Strongs=G2983&t=KJV (consultado en línea el 21 de abril de 2014).

Capítulo 4. La "teología de la complacencia"
1. Todo este recuento es de Persecution.org, "Stories of the Persecuted: Perseverance of Faith in Iran" ["Historias de los perseguidos: La perseverancia de la fe en Irán"], http://www.persecution.org/crossingthebridge/tag/imprisonment/ (consultado en línea el 23 de abril de 2014).

Capítulo 10. Plenamente vivos
1. La rosa de la derecha es la flor real.
2. Ed Payne, Catherine E. Shoichet y Jason Hanna, "Brain-dead Girl Jahi McMath Released From California Hospital" [Chica con muerte cerebral Jahi McMath dada de alta del Hospital de California], CNN, 7 de enero de 2014, http://www.cnn.com/2014/01/06/health/jahi-mcmath-girl-brain-dead (consultado en línea el 24 de abril de 2014).

Capítulo 11. Fe *sólo si* vs. Fe *incluso si*
1. ChinaAid News, "Despite Ba non Activities, Shandong House Church Grows Since Police Raid", http://www.chinaaid.org/2014/03/de3spite-ban-on-activities-shandong.html (consultado en línea el 3 de junio de 2014).

Capítulo 12. Un nuevo tipo de relación

1. Tim Keller, "A Covenant Relationship" [Una relación de pacto], 9 de septiembre de 2007, http://sermons2.redeemer.com/sermons/covenant-relacionship (consultado en línea el 3 de junio de 2014).

Capítulo 14. Entrenamiento para tener fuerza vs. Entrenamiento para tener resistencia

1. *Morning Star News*, "Young Woman in Uganda Hospitalized after Father Beats Her; Mulinde's Sight Saved" ["Mujer joven en Uganda hospitalizada después que padre la golpea; Visión de Mulinde Salvada", 27 de marzo de 2014, http://morningstarnews.org/2014/03/young-mujer-in-uganda-hospitalized-after-father-beats-her-mulindes-sight-saved/ (consultado en línea el 25 de abril de 2014).

Capítulo 18. Enfocarse en la línea de llegada

1. Dawn González, "Dr. Ted Baehr: A Culture Warrior" [Dr. Ted Baehr: Un guerrero de la cultura], ReachOut Columbia, diciembre de 2013, http://www.reachoutcolumbia.com/articles/dr-ted-baehr-a-culture-warrior/ (consultado en línea el 24 de junio de 2014).
2. Robert D. Abrahams, "The Night They Burned Shanghai" [La noche que quemaron a Shanghai], The Intuition Mission [La misión intuición], http://www.intuitionmission.com/fight_apathy.htm (consultado el 16 de mayo de 2014); Greg Sidders, "What I Didn't Say in My Sermon" [Lo que no dije en mi sermón], "http://www.gregsidders.com/2009/08/what-i-didnt-say-in-my-sermon.html (consultado en línea el 16 de mayo de 2014).

Capítulo 21. Historia de dos desertores

1. Jim Frederick, "In From the Cold" [Desde el frío], Time, 5 de diciembre de 2004, http://content.time.com/time/magazine/article/0,9171,880222,00.html (consultado en línea el 26 de abril de 2014).
2. *Ibíd.*
3. Atika Shubert, "'Deserter'Surrenders at U.S. Base" [Desertor se entrega en base de EE.UU.], CNN, 11 de septiembre de 2004, http://www.cnn.com/2004/WORLD/asiapcf/09/11/

jenkins.us/index.html?iref=newssearch (consultado en línea el 26 de abril de 2014).
4. Graeme Wood, "The U.U. Soldier Who Defected to North Korea" [El soldado de los EEUU que desertó a Corea del Norte, The Atlantic, 14 de agosto de 2013, http://www.theatlantic.com/magazine/archive/ 2013/09/the-defector /309436/ (consultado en línea el 26 de abril de 2014).
5. Frederick, op. cit.
6. *Ibíd.*
7. *Ibíd.*
8. *Ibíd.*
9. Open Doors (blog), "A Prayer a North Korean Christian Just Before Going Back to His Country" [Oración de un norcoreano cristiano antes de regresar a su país] 21 de marzo de 2014, http://blog.opendoorsusa.org/prayer-north-korean-christian-country/ (consultado en línea el 28 de abril de 2014).
10. Frederick, op. cit.
11. *Ibíd.*

Capítulo 22. Los resistentes son incansables

1. Martin Bashir y Sarah Holmberg, "Powerball Winner Says He's Cursed" [Ganador de Powerball Dice Que Está Maldito], ABC News, 6 de abril de 2007, http://ABCNews.go.com/ 2020/powerball-winner-cursed/story? id=3012631#.T3Xghr-XQto (consultado el 28 de abril 2014); Ken Walker, "Christian Lottery Winner Stirs Furor Over Issue of Gambling" [Cristiano Ganador de la Lotería Desata Furor Sobre el Tema de Juegos de Azar], "Carisma, http://www.charismamag.com/spirit/devotionals/loving-god?view=article&id=930:christian-lottery-winner-stirs-furor-over-issue-of-gambling&catid=154 (consultado en línea el 18 de mayo de 2014).
2. A.W. Tozer, *Mystery of the Holy Spirit* (Alachua, FL: Bridge Logos, 2007), p. 14.

Conclusión. Esta es nuestra herencia: nuestra tribu

1. Tozer, op. cit. (p. 89, en el original en inglés).

ACERCA DEL AUTOR

Ron Luce es el presidente y fundador de Teen Mania Ministries. Él declara apasionadamente la verdad del evangelio sin concesiones, desafiando a los adolescentes a tomar una postura por Cristo en sus escuelas, comunidades y en todo el mundo.

Criado en un hogar destrozado, Ron se escapó a la edad de quince años y llegó a involucrarse en el abuso de drogas y alcohol. Encontró a Jesús a los dieciséis años y el impacto transformador de Cristo inspiró a Ron a dedicar su vida para alcanzar a los jóvenes.

Después de recibir su licenciatura y su maestría en consejería y psicología, Ron y su esposa, Katie, iniciaron Teen Mania en 1986. No tenían nada más que un auto de tres puertas (hatchback) y el sueño de levantar un ejército de jóvenes que cambiaran al mundo. El ministerio se ha expandido por todo el planeta y llega a cientos de miles de personas cada año con el mensaje transformador del evangelio.

Ron es un experto muy solicitado para tratar problemas de adolescentes y de la influencia de la cultura popular. Ron dicta conferencias en todo el mundo y es autor de treinta y cinco libros para ayudar a los padres y pastores a entender la difícil situación de los jóvenes de hoy, mostrándoles cómo podemos ser parte de la solución.

Reconocido como una voz nacional en temas de adolescencia, Ron dirige las conferencias "Acquire the Fire" [Adquiere el fuego] hablando cara a cara a tres millones de adolescentes en los últimos veinte siete años. A través de Global Expeditions (Expediciones globales) ha comisionado a 74,509 misioneros adolescentes a llevar el evangelio por todo el mundo. Anualmente cientos de adultos jóvenes pasan doce meses en apasionada búsqueda del Señor, mientras forjan habilidades de liderazgo en sus pasantías ministeriales acreditadas por la universidad.

Ron ha aparecido en CNN, *Nightline*, *Hannity*, *The O'Reilly Factor*, y en el periódico *The New York Times*; además, ha hecho numerosas apariciones en programas de radio como *Enfoque en la familia* y *Club 700*.

Ron y Katie viven en Dallas, Texas, y tienen tres hijos adultos: Hannah, Caridad y Cameron.